Lima
Barreto

Dados Internacionais de Catalogação na Publicação (CIP)
(Câmara Brasileira do Livro, SP, Brasil)

Cuti (Luiz Silva)
  Lima Barreto / Cuti — São Paulo : Selo Negro, 2011. — (Coleção
Retratos do Brasil Negro / coordenada por Vera Lúcia Benedito)

  Bibliografia.
  ISBN 978-85-87478-51-1

  1. Barreto, Lima, 1881-1922 2. Escritores brasileiros – Biografia
I. Benedito, Vera Lúcia. II. Título. III. Série.

11-03638   CDD-928.699

Índices para catálogo sistemático:
1. Brasil : Escritores : Biografia e obra   928.699
2. Escritores brasileiros : Biografia   928.699

EDITORA AFILIADA

Compre em lugar de fotocopiar.
Cada real que você dá por um livro recompensa seus autores
e os convida a produzir mais sobre o tema;
incentiva seus editores a encomendar, traduzir e publicar
outras obras sobre o assunto;
e paga aos livreiros por estocar e levar até você livros
para a sua informação e o seu entretenimento.
Cada real que você dá pela fotocópia não autorizada de um livro
financia um crime
e ajuda a matar a produção intelectual de seu país.

RETRATOS DO BRASIL NEGRO

Lima Barreto

Cuti

LIMA BARRETO
Copyright © 2011 by Luiz Silva
Direitos desta edição reservados por Summus Editorial

Editora executiva: **Soraia Bini Cury**
Editora assistente: **Salete Del Guerra**
Coordenadora da coleção: **Vera Lúcia Benedito**
Projeto gráfico de capa e miolo: **Gabrielly Silva/Origem Design**
Diagramação: **Acqua Estúdio Gráfico**
Impressão: **Sumago Gráfica Editorial Ltda.**

Selo Negro Edições
Departamento editorial
Rua Itapicuru, 613 – 7º andar
05006-000 – São Paulo – SP
Fone: (11) 3872-3322
Fax: (11) 3872-7476
http://www.selonegro.com.br
e-mail: selonegro@selonegro.com.br

Atendimento ao consumidor
Summus Editorial
Fone: (11) 3865-9890

Vendas por atacado
Fone: (11) 3873-8638
Fax: (11) 3873-7085
e-mail: vendas@summus.com.br

Impresso no Brasil

Para Raphão Alaafin,
o parceiro, o amigo.

"A literatura reforça o nosso natural sentimento de solidariedade com os nossos semelhantes, explicando-lhes os defeitos, realçando-lhes as qualidades e zombando dos fúteis motivos que nos separam uns dos outros."

Lima Barreto, *Impressões de leitura*

Sumário

INTRODUÇÃO 9

1. TRILHAS DO PERCURSO 13
   Notas bibliobiográficas • 13
   Mordaças e muros • 14
   Desejo de glória e resistência • 19
   Consciência literária • 24
   Anti-heroísmo radical • 37
   Coquetel de gêneros • 42
   Brincando com os nomes nos títulos • 44

2. FICÇÃO, REALIDADE E VIDA PESSOAL 53
   Considerações sobre a esfinge • 54
   Solidão universal • 63
   Ingenuidade sem perdão • 75

3. **ATUALIDADE TEMÁTICA** 81
Futebol • 82
Racismo • 90

BIBLIOGRAFIA 117
Livros de Lima Barreto • 117
Livros sobre o autor e sua obra, referências e textos
   de apoio • 119
Lima Barreto, personagem de duas peças de teatro • 123

CRONOLOGIA DA VIDA DE LIMA BARRETO 125

Introdução

Toda produção de um escritor ficcionista ou poeta possibilita uma multiplicidade de abordagens. Seus estudiosos podem-na encarar de pontos de vista diversos, uma vez que a obra literária é aberta, porosa, oferecendo-nos a oportunidade de preencher seus vazios não apenas no ato da leitura de lazer como também no momento em que a tomamos como objeto de análise mais detida.

Lima Barreto escreveu o suficiente para, só para falarmos em gêneros, nos remeter ao romance, ao conto, à crônica, ao artigo jornalístico, à crítica literária e, incipientemente, à tentativa dramática, legando-nos ainda seus diários e cartas. Isso já indica que sua obra é estimuladora, pois as características de gênero não são estanques, elas migram de um texto para outro, muitas vezes embaralhando a classificação usada no ensino da literatura. A verdade é que tais classificações não são feitas pelos escritores. Estes, em sua maioria, são amantes da liberdade e por isso dispensam a preocupação prévia de enquadrar seu texto em uma forma rígida, por mais que a adotem como apêndice de seus títulos.

Assim, livros que falam de livros e de autores oferecem-nos um olhar sobre eles. Todo olhar sai de um ponto e traz consigo a experiência subjetiva do autor e o seu propósito de dizer coisas específicas que considera importantes. Este livro que você tem em mãos é isto: um realce de determinados aspectos da obra barreteana, mas não exclusivamente dela. Aqui se aborda também o que ela provocou e ainda é capaz de provocar. Lima Barreto experimentou um ângulo de visão social muito diferenciado em sua época no que diz respeito à produção de texto. De seu lugar pode analisar aspectos da vida que só dali seria possível. O "lugar" não é apenas espacial, mas sobretudo subjetivo. É esse ângulo de visão que será privilegiado, bem como o que ele viu e por que se situou naquele ponto. Teria tido outras opções? As circunstâncias desempenham um papel determinante na vida. Mas, ainda que elas sejam poderosas, sempre nos restará um espaço mínimo de livre-arbítrio. Aí reside a nossa possibilidade de escolha. Lima Barreto escolheu. E o que suas escolhas têm que ver com o Brasil do século XXI? Alguma resposta virá mais adiante.

Toda abordagem crítica seleciona trechos da obra e, por limitações, realça só alguns aspectos, deixando outros na sombra.

Os estudos, em geral, se propõem a compreender, interpretar, elucidar. Para quê? Por quê? Há críticos que confessam sua paixão pelo autor; outros falam da importância da obra para a nacionalidade, para a compreensão do país e seus acontecimentos políticos; alguns ressaltam aspectos estritamente formais (tipos de personagens, gênese das histórias, espaço, tempo, linguagem, gramática, foco narrativo etc.) para estudar a obra; outros, ainda, se comportam como se não existissem como pessoas e escrevem camuflando-se, na ilusão de que suas opiniões possam ser "impessoais". Aqui, a justificativa é a seguinte: a obra de Lima Barreto ajuda-nos a fazer analogias entre o passado (a época do autor) e o presente (século XXI). Ela pode nos provocar um verdadeiro incômodo intelectual e emotivo, agradável ou desagradável.

Escrever sobre o que já foi escrito por outra pessoa é tentar dar resposta ao que suas palavras questionaram e continuam a questionar. Uma obra estimulante contém elementos internos capazes de nos envolver, nos enredar, mesmo quando há ausência de ação. Esses elementos conseguem gerar o efeito do encantamento por estarem organizados com arte. Também acionam o potencial de sedução da linguagem, elementos que mesmo alguns leitores seduzidos não aprovam, como o apelo confessional.

Além da prosa de ficção (romances e contos), Lima Barreto escreveu artigos e crônicas[1], publicados em jornais e revistas, abordando temas intrigantes e polêmicos, tais como: racismo, corrupção na política, militares e a violência contra civis, violência contra a mulher, ostentação social, parcialidade da imprensa, literatos esnobes e hermetismo, feminismo, futebol e violência, depressão e loucura, transformações arquitetônicas no Rio de Janeiro e muitos outros. Desses tantos há os que são gritantes ainda em nossos dias.

---

1. Em levantamento nas obras que reúnem esses textos, Anoar Aiex chegou a um total de 501 publicações (Aiex, 1990, p. 9).

Com a variedade de temas e gêneros contidos em sua obra e pela maneira apaixonada com que escreveu, o autor nos deixou um amplo e pulsante painel da vida cotidiana de seu tempo, alcançando-nos com sua capacidade de revelar e problematizar questões perenes, universais – e aquelas para as quais o povo brasileiro ainda não conseguiu encontrar solução.

A relação entre passado e presente exige cuidado, pois as sociedades e os indivíduos estão em constante mudança. Essas transformações muitas vezes são profundas; outras, superficiais, permanecendo ao longo do tempo costumes, crenças, hábitos de pensar, formas de relacionamento, padrões comportamentais etc. Diversos textos de Lima Barreto tocam nesses pontos que permanecem. Por essa razão, marcaram a memória nacional e até leitores de outros países. Mas se seu trabalho chegou até nossos dias, comovente e questionador, o autor pagou um preço alto em vida: seus livros, ainda hoje, travam uma luta contra as forças de exclusão social, bastante poderosas no Brasil. Elas interferem na cultura, em especial nas artes, que têm o poder especial de alimentar nosso imaginário.

1. Trilhas do percurso

NOTAS BIBLIOBIOGRÁFICAS

Para que tenhamos logo de início uma ideia da produção escrita a que faremos referência neste livro é que essas notas são aqui apresentadas.

Lima Barreto é autor dos seguintes títulos publicados[2]:

- **Romances:** *Recordações do escrivão Isaías Caminha*; *Triste fim de Policarpo Quaresma*; *Numa e a ninfa*; *Vida e morte de M. J. Gonzaga de Sá*; *Clara dos Anjos*; *O cemitério dos vivos*; *O subterrâneo do Morro do Castelo**.

---

2. A maior parte dos títulos citados pertence à edição *Obras de Lima Barreto*, de 1956; assinalado com (*) está o título do romance não incluído na citada edição; o sinal (**) indica as coletâneas de textos mais recentes. Os dados complementares encontram-se na bibliografia.

- **Novelas:** *Aventuras do Dr. Bogóloff* (publicado com *Os Bruzundangas*); *Clara dos Anjos* (publicado com *Diário íntimo*).
- **Romances e contos:** *Prosa seleta***.
- **Contos:** *Histórias e sonhos*; *Outras histórias* (publicado com *Histórias e sonhos*); *Contos* (publicado com o romance *Clara dos Anjos*); *Contos* (publicado com o romance *Vida e morte de M. J. Gonzaga de Sá*); *Contos* (publicado com *Marginália*); *Contos completos***.
- **Crônicas:** *Toda crônica***.
- **Artigos e crônicas:** *Feiras e mafuás*; *Vida urbana*; *Marginália; Hortas e capinzais* (publicado com *Coisas do reino do Jambon*); *Mágoas e sonhos do povo* (publicado com *Coisas do reino do Jambon*).
- **Artigos:** *Bagatelas*.
- **Crítica:** *Impressões de leitura*.
- **Sátiras:** *Os Bruzundangas*; *Outras histórias dos Bruzundangas* (publicado com *Os Bruzundangas)*; *Coisas do reino do Jambon*.
- **Diários:** *Diário íntimo*; *Diário do hospício* (inserto no volume *O cemitério dos vivos – fragmentos*).
- **Teatro:** *Casa de poetas*; *Os negros* (esboço) (publicados no volume *Marginália*).
- **Cartas:** *Correspondência, ativa e passiva, 1º e 2º tomos*.

MORDAÇAS E MUROS

Diariamente, uma gigantesca massa de informações é produzida e disseminada em todo o mundo pelos meios de comunicação. A televisão, cujos espaços publicitários são os mais caros, tem uma escala de preços: custam mais os anúncios veiculados justamente no horário em que os trabalhadores, finda sua jornada diária, voltam para casa a fim de repor as energias. Mente relaxada é mente mais receptiva. É a hora do bombardeio da propaganda e dos programas que veiculam as ideias que interessam aos grupos dominantes. Além dos trabalhadores, há os jovens e as crianças, campo fértil para o acomodamento das ideologias.

Sabemos que os conteúdos são selecionados por grupos de interesse. Para ser hegemônico, um grupo deve controlar o aparelho do Estado e as principais organizações da sociedade civil, sobretudo as referentes aos meios de comunicação. A seleção de conteúdos obedece a padrões de pensamento e conduta ligados à permanência e à continuidade do poder em suas variadas formas. Assim é feita a realidade, ou melhor, o que se promove como realidade. Ninguém domina ninguém sem fazer o dominado pensar em determinados valores, senti-los e, sobretudo, acreditar neles – principalmente aqueles que o mantém no lugar social desprestigiado.

O racismo é uma ideologia que necessita da constante disseminação de crenças que reforcem ideias e sentimentos de superioridade de determinado grupo racial ou étnico. Omitir informações que possam reforçar a autoestima dos grupos dominados e, quando não for possível, manipulá-las a fim de impedir que exerçam tal finalidade é a tarefa mais comum da formação/informação a ser veiculada.

Segundo Eagleton (1997, p. 62), "[...] as ideologias bem-sucedidas são aquelas que tornam suas crenças naturais e autoevidentes – fazendo-as identificar-se de tal modo com o 'senso comum' de uma sociedade que ninguém sequer imaginaria como poderiam chegar a ser diferentes".

No Brasil, vários fatos e figuras históricas ficaram congelados por longo tempo. E, quando o degelo próprio das contradições sociais ocorreu, a manipulação entrou em ação.

A história do negro no Brasil – tanto a mais antiga quanto a contemporânea e aquela calcada no cotidiano – contada pelos brancos de má-fé é disseminada na mídia e na escola. Aliás, é no cotidiano que personagens anônimos realizam a façanha da verdadeira história humana, de cuja seleção, por alguns privilegiados, é que vai constituir o conhecimento a ser transmitido para as futuras gerações. A literatura é uma forma de, pelo imaginário, selecionar conteúdos e vivências da realidade e fixá-los no tempo por meio da perenidade da linguagem escrita.

Assim, manter a ideia de hierarquia racial é a função dos agentes do racismo, dos que são conscientes de sua função e dos demais inocentes úteis. O método da omissão ou, em outros termos, da invisibilização atingiu vários vultos históricos negros, como Zumbi dos Palmares (1655-1695) e João Cândido (1880-1969). Zumbi, herói nacional do século XVII, esteve no limbo até meados do século XX. João Cândido, o "Almirante Negro"[3],

---

3. A expressão foi consolidada pela letra da música de João Bosco e Aldir Blanc *O mestre-sala dos mares*, lançada na década de 1970, que narrava a Revolta da Chibata ocorrida em 1910. Em julho de 2008, 98 anos depois da Revolta, o presidente Luiz Inácio Lula da Silva sancionou a Lei n. 11.756, que concedeu anistia póstuma a João Cândido e aos demais participantes daquele movimento. O gesto, de grande importância, foi apenas simbólico, pois todos já haviam falecido. Para mais informações, consulte a obra *João Cândido*, de Fernando Granato (veja as indicações completas na bibliografia).

por ter lutado contra os castigos corporais (chibatadas) a que os marinheiros eram submetidos, ainda não recebeu o merecido reconhecimento de herói nacional.

Os brancos racistas não queriam e não querem heróis nacionais negros porque um herói gera consciência, esperança e mobilização da população dominada, e sua simbologia atinge a subjetividade com forte poder de arrebatamento por meio da identidade. Ocorre que a omissão produz um efeito contrário aos interesses dos que a utilizam: estimula a necessidade de suprir a carência. Assim, quando o oprimido percebe ter sido iludido, vai com muito mais sede ao pote. Foi o que aconteceu no caso de Zumbi. O movimento negro brasileiro foi fortemente impulsionado pela sua simbologia, que atualmente vem sendo diminuída pelos agentes racistas do controle social[4].

O processo a que Zumbi e João Cândido foram submetidos também acometeu escritores que criticaram o racismo e expuseram com vigor a sua trajetória e o sentido profundo de sua existência. Eles ficaram congelados no tempo e, em seguida, foram analisados e apresentados de forma depreciativa. Isso ocorreu com Luiz Gama, Cruz e Sousa, Lima Barreto e outros. Da indiferença até a depreciação de um escritor muita gente escreve, grava, filma, desenha, fotografa, pinta e, sobretudo, silencia e exclui.

---

4. O Projeto de Lei n. 302/2004, que estabelece como feriado nacional o dia 20 de novembro (aniversário de morte de Zumbi), foi rejeitado, em 2010, pela Câmara dos Deputados, depois de ter sido aprovado pelo Senado Federal.

No caso de Lima Barreto, após sua morte, o silêncio sobre sua obra recrudesceu o quanto pôde[5]. A vertente desqualificadora continuou a exercer seu papel, porém mais enfraquecida depois da década de 1940, quando os títulos do autor voltaram, gradativamente, a encontrar guarida no mercado editorial. Isso ocorreu graças ao avanço e à diversidade dos estudos literários, bem como à luta contra o racismo travada nos vários campos do saber – em especial na antropologia e na sociologia – e pelas entidades negras.

Os dados biográficos do autor foram o material mais aproveitado para abordar sua obra, sobretudo a partir da publicação de seu *Diário íntimo* (1956). O alcoolismo, a miséria, a irreverência e a loucura, com o conjunto de preconceitos que acarretam, lastrearam inúmeras abordagens de seus escritos, fazendo surgir, por um lado, a noção de autor que escrevia errado, de forma irregular, sem técnica apurada; e, por outro, de escritor maldito, lutador e patriota.

O drama vivido no enfrentamento do racismo foi, quase sempre, diagnosticado como complexo de inferioridade. En-

---

5. Segundo Francisco de Assis Barbosa (1956, v. I), entre 1924 e 1942 foi publicado apenas um título do autor, a segunda edição de *Os Bruzundangas*, em 1930. O biógrafo reforça: "Tendo falecido em novembro de 1922, depois das edições póstumas de *Os Bruzundangas* (1922) e *Bagatelas* (1923) Lima Barreto cai em inexplicável esquecimento. Em 1930, um pequeno grupo de amigos dedicados chama a atenção para a sua memória, erguendo-lhe uma herma na Ilha do Governador. No movimento de imprensa que acompanhou a iniciativa, Agripino Grieco escreve o primeiro artigo de reabilitação, chamando-o 'o maior e o mais brasileiro de nossos romancistas'. Na mesma onda, surge a segunda edição de *Os Bruzundangas*. Segue-se novo período de silêncio, até que, em 1943, anunciam uma reedição sistemática das obras de Lima Barreto" (p. 21).

tretanto, o complexo de superioridade, crença de sustentação do racismo, quase nunca é lembrado como doença coletiva. Sintomática é a ausência de bibliografia sobre o racismo em diversos estudos sobre a obra de Lima Barreto. É como se fosse matéria sabida por todos, que não necessitasse de reflexão aprofundada. A pretensão de conhecimento de assunto tão complexo demonstra até que ponto ele intimida a tantos – ou quantos insistem em mantê-lo no silêncio, desprezando-o ou diminuindo sua atuação na vida e na obra de Lima Barreto.

DESEJO DE GLÓRIA E RESISTÊNCIA

A profissão de escritor, tão controversa no Brasil ainda hoje[6], oferecia bem menos horizonte quando Lima Barreto publicou seu primeiro livro, em 1909. Quem se dedicava às letras podia almejar tão somente prestígio. O jornalismo era a possibilidade do ganha-pão, do qual, desde 1907, Barreto tentava extrair alguns farelos. Ainda assim, considerando que o prestígio abria portas, muitos escritores apostaram nesse passe de mágica. Para os brancos, as portas estavam semiabertas; para os negros, bem trancadas, principalmente quando tais cores epidérmicas se refletiam simbolicamente em seus textos. Foi o caso de Lima Barreto, que esperou retorno de seu trabalho até determinado tempo. Depois, percebidas as raízes da adversidade,

---

6. Em formulários de diversos tipos, como os bancários, dificilmente "escritor" é contemplado como profissão, tendo o cliente de se contentar com o termo "redator".

deu-se a sua "guerra sem testemunhas"[7]. A consciência do ofício de escritor chegou cedo e definiu seus caminhos.

Escrever e ler ficção e poesia para se distrair, para descansar das preocupações cotidianas e ter momentos de lazer pressupõe um conceito de literatura. Bailarinos, músicos, pintores, cantores, poetas, escultores inicialmente seriam meros servidores dos ricos. A arte demanda tempo de estudo, pesquisa e ensaio. Esse tempo precisa gerar recursos para a sobrevivência do artista. Paga quem tem dinheiro. Tem quem explora o trabalho alheio. Esse conceito de "arte para divertir" é antigo e se perpetua no tempo, pois não só os ricos se aborrecem com a repetição do dia a dia e precisam sonhar com outras possibilidades, esquecer as preocupações: os pobres e remediados também. Contudo, nem sempre os artistas se conformaram com o papel que lhes foi determinado pela necessidade de sobrevivência; assim, contrariando tal princípio, fizeram de sua atividade uma forma de participação nos destinos da sociedade, com o objetivo de alterá-la para melhor, por meio da crítica aos poderosos, aos costumes vigentes e à alienação.

Pode-se dizer, portanto, que esses dois vetores caminharam e caminham juntos, associados a outros – como o propósito de educar –, e demarcam, assim, as várias funções da literatura. Os artistas em geral preferem atuar nas duas concepções, com tendências mais acentuadas para uma ou para outra, pois no ato de criar busca-se também o prazer.

---

7. Título da obra de Osman Lins publicada em 1974 com o subtítulo *O escritor, sua condição e a realidade social*. Para mais informações, veja a bibliografia.

A um sistema social autoritário interessam as funções literárias de divertir e de educar. Com a primeira o povo esquece a opressão que sofre; com a segunda, aprende valores que o induzem à obediência às normas do poder instituído.

Tanto a monarquia quanto a República brasileiras, no século XIX, centralizaram fortemente o poder e exerceram violenta repressão aos opositores. Essa característica, nascida com a colonização aqui instaurada e da escravidão praticada, se repetiu – de outras formas e com outros métodos – em vários períodos do século XX, como a ditadura Vargas (1937-1945) e a ditadura militar (1964-1985). Aliás, os militares, em toda a história do Brasil, sempre atuaram na manutenção do poder ou exercendo-o diretamente. A instauração da República se deu com eles.

A literatura, por sua vez, sempre manteve relações com os poderes político e econômico; tanto para praticar a vassalagem e reproduzir seus valores quanto para criticá-los.

O final do século XIX foi um período de muitas novidades no Brasil e no mundo. Convulsões sociais, avanços tecnológicos, crescimento vertiginoso da indústria são aspectos de um momento histórico em que a arte buscava novos caminhos e os debates acirravam-se. A história da arte europeia passa por um período de mais "ismos" empregados pelos artistas. A expansão do capitalismo alterava as consciências. Um fator importante que impulsionou tais manifestações foi o individualismo próprio daquele sistema. Tal individualismo foi promovido pelos artistas românticos, cuja produção, com o passar do tempo, impregnou a cultura brasileira em todas as camadas sociais.

No Brasil, além desse apelo à manifestação individual, o nacionalismo, acentuada característica dos românticos europeus, encontrou terreno fértil. Assim, após a Independência, em 1822, realizada para manter o poder português, a República tornou-se um anseio dos fazendeiros, dos comerciantes e empresários industriais que, responsáveis administradores da produção de bens, almejavam controlar o aparelho estatal – o que ocorreu com a instauração do regime republicano.

Na virada do século XIX para o XX, finda-se a juventude e inicia-se a idade adulta de Lima Barreto. Em 1899, ele contava com 18 anos de idade e já havia acumulado em seu curto período de vida uma profunda experiência de embate contra as mais diversas formas e disfarces da discriminação racial e de classe. As portas fechavam-se à sua frente, restando apenas frestas por onde os não brancos deveriam passar – pagando pedágio em dignidade e comportamento acrítico se quisessem ascender socialmente.

Na vida intelectual, as concepções de literatura e linguagem eram pautadas pelos modelos portugueses de correção e equilíbrio. A história da literatura brasileira assinala no período o ápice do Realismo e do Naturalismo na prosa e do Parnasianismo na poesia. O Simbolismo, também focado mais no gênero poético, disputa um lugar de pouco prestígio. Denominador comum entre as escolas: linguagem afastada do cotidiano, distante da oralidade.

Lima Barreto, cursando a Escola Politécnica, investe nos estudos tentando superar as dificuldades que vão, paulatinamente, comprometendo sua sobrevivência, tendo em vista os problemas inicialmente profissionais e depois de saúde enfrentados pelo pai.

Data de 2 de julho de 1900 seu primeiro esboço de romance[8], que não teve prosseguimento. Foi apenso ao *Diário íntimo*, que se estende de 12 de junho de 1903 até 13 de dezembro de 1921, com grandes lacunas sem qualquer anotação. Na abertura do diário, encontramos o seguinte: "Eu sou Afonso Henriques de Lima Barreto. Tenho 22 anos. Sou filho legítimo de João Henriques de Lima Barreto. Fui aluno da Escola Politécnica. No futuro, escreverei a *História da escravidão negra no Brasil* e sua influência na nossa nacionalidade" (Barreto, 1956, v. XIV, p. 33).

Nesses textos iniciais podemos notar a predisposição do autor. A questão racial está posta. O "príncipe negro", como consta do esboço de romance, assume um projeto de identidade escrita. O livro com o título *História da escravidão negra no Brasil* Lima Barreto não chegou a escrever – ou, talvez, o tenha disseminado em toda sua obra, fundindo a ela a própria história de vida. Afinal, considerando o ano de seu nascimento (1881), a infância de Lima Barreto até seus 7 anos deu-se no

---

8. Esse texto, que consta como Capítulo I, narra um diálogo entre estudantes da Escola Politécnica. Estes avistam o personagem Tito Brandão, ao qual um dos colegas lança o "epigrama" "o príncipe negro" e é censurado por outro colega, que aponta o orgulho que se atribui a Tito como defeito, dizendo, entre outros argumentos, que "o seu orgulho é a força motriz de sua máquina viva... É a sua arma de defesa contra um mundo que lhe é hostil..." (Barreto, 1956, v. XIV, p. 32). Quando o recém-chegado se aproxima, um dos rapazes lhe pergunta, em tom de provocação: "Como se deve levar a vida, Brandão?" A resposta vem de pronto: "Como quem quer subir aos céus... A vida é uma escalada de Titã" (*ibidem*).

período escravista. Seus pais não foram escravizados, mas sua avó, Geraldina Leocádia da Conceição, sim, bem como sua bisavó materna, Maria da Conceição, que teria nascido na África (Barbosa, 1975, p. 8).

Experiência e observação não lhe faltavam. Fora da vida acadêmica, cresceu como escritor. E, como qualquer pessoa, almejou sucesso em seu ofício. Com ele, dedicando-se ao jornalismo, tentou conseguir o suplemento do salário de amanuense no funcionalismo público, e como ficcionista almejou, sem pudor, a glória. Alguns críticos, de certa maneira, o censuram por ter desejado tanto o sucesso, o que teria se tornado uma dificuldade em sua vida[9].

CONSCIÊNCIA LITERÁRIA

De onde surge tão precocemente em Lima Barreto a consciência de escritor que definiu sua opção estética? Em seus 41 anos de vida, ainda que tenha tentado agradar um público e uma crítica geralmente hostis, não se rendeu às exigências deles. E

---

9. "Já vimos que é exatamente a consciência de 'se conceber outro' que agrava, em 1905, a frustração da recusa, decisiva na definição da virada contra o sistema, exatamente pela maneira como reduz ao silêncio a 'pretensão literária' incontida e o desejo de glória" (Prado, 1976, p. 105). O ano a que se refere a citação é o da redação do romance *Recordações do escrivão Isaías Caminha*, em cuja página 46 o narrador alude às fantasias de sucesso futuro do então menino: "Ouvia uma tentadora sibila falar-me, a toda a hora e a todo o instante, na minha glória futura" (Barreto, 1956, v. I, p. 46). Também se refere à consciência de Lima Barreto acerca do bloqueio editorial para as suas pretensões, registrada em seu *Diário íntimo* com data do mesmo ano: "Temo muito pôr em papel impresso a minha literatura" (Barreto, 1956, v. I, p. 84).

denunciou-os satiricamente. Com o título "A arte", inserto nas *Outras histórias dos Bruzundangas*, referindo-se aos poetas, o autor satiriza o entorno:

> Conheci um dos maiores, de mais encanto, de mais vibração, de mais estranheza, que, apesar de ter publicado mais de dez volumes, morreu abandonado num subúrbio da capital da Bruzundanga, bebendo *sodka* ["uma espécie da nossa cachaça"] com tristes e humildes pessoas que nada entendem de poesia; mas o amavam.
>
> A gente solene da Bruzundanga dizia dele o seguinte: "É um javanês (equivalente ao nosso 'mulato' aqui) e não sabe sânscrito".
>
> Essa gente sublime daquele país é quase sempre mais ou menos javanesa e quase nunca sabe sânscrito. (Barreto, 1956, v. VII, p. 179)

Com a insistência em expor, em toda sua obra e ainda que de forma alusiva, o comportamento do branco racista contra mulatos e negros, Lima Barreto nos dá a ideia da resistência à possibilidade de cooptação. Uma vez acesa a luz da consciência, desde cedo, parece estar determinado a não apagá-la. "A consciência da recusa passa a compromisso moral, a esgrimir contra o silêncio em busca de uma saída" (Prado, 1976, p. 27). A consciência literária em Lima Barreto não foi gerada fora do contexto ideológico, pois, finda a escravidão, a igualdade entre negros e brancos se impunha. Como justificar o teor racial da exploração escravista? Como perpetuar a desigualdade que até aquele momento histórico se realizara no

Brasil? Por isso, "nesse mesmo contexto, discursos científicos raciais são introduzidos no país com muita força e impacto, escapando do terreno jurídico da escravidão e ganhando, agora, o espaço certeiro e pretensamente objetivo da naturalização biológica" (Schwarcz, 2010, p. 20).

Com tais teorias – pretensamente científicas, pois a história demonstrou o contrário – adaptadas por brancos brasileiros para o cenário local, dá-se o início do grande arsenal de argumentos e falácias para justificar a exclusão dos negros e de seus descendentes da ascensão social, visando manter ou prolongar a ordem racial antiga. Esse arsenal, constituído de muitas publicações e padrões sociais de comportamento, determinou também o sentido da imigração para o Brasil, bem como o direcionamento dos benefícios das políticas públicas[10]. Adaptada a essa presença ideológica do racismo e a outras correntes do conservadorismo, a tradição literária tentava preservar seus princípios baseados em modelos de forma e estilo.

A obra de Lima Barreto vai transgredir a noção de literatura como imitação de modelos. Ela se afasta do propósito de arte literária evasiva, de fuga da realidade por parte do escritor e do leitor. Seus textos impactam porque atuam no sentido oposto. Buscam expressar a realidade. Qual realidade? Aquela que não se queria ver nem promover dentro da literatura. Por isso o autor desrespeitou regras, sobretudo as dos gêneros e a relativa ao padrão de linguagem.

---

10. Para mais informações, consulte a obra *Políticas públicas e ações afirmativas*, de Dagoberto José da Fonseca. Mais detalhes na bibliografia.

Nesse ponto, é necessário dizer que regras preestabelecidas garantiam, na época, a avaliação positiva à obra. Um *roman à clef*, por exemplo, aquele que trata de pessoas e situações reais, apenas mudando-lhes os nomes, não era considerado um "bom" romance. A interferência do narrador, opinando no decorrer da situação narrada, também era vista com maus olhos. A aproximação entre o padrão escrito de linguagem e o oral encontrava severa censura. Misturar características de gênero do discurso era também uma prática censurável que implicava, como as demais referidas, avaliação negativa e consequente desqualificação do autor. A pressão das regras sobre os textos de Lima Barreto, por meio do desprezo da crítica balizado pelo silêncio ou pela avaliação desdenhosa, aumentou. O pouco reconhecimento, associado à consciência de suas causas pelo autor, revigorou mais ainda o seu projeto literário.

A concepção de Lima Barreto no tocante à ideologia e à linguagem tinha a instância social como principal meta. Por isso ele teve como adversários, dentre outros, os escritores Coelho Neto e Afrânio Peixoto, que defendiam o princípio de "arte pela arte". Peixoto chegou a escrever que a literatura era "o sorriso da sociedade", como se os males sociais devessem ser mantidos fora dos romances, dos contos, da poesia e da dramaturgia.

Baseando-se em leituras dos escritores franceses Jean-Marie Guyau, Ferdinand Brunetière e Hippolyte-Adolphe Taine (Aiex, 1990, p. 40-7), Lima Barreto chegou à conceituação de literatura militante, de caráter social. Entre suas preocupações estavam a moralidade – ou seja, a melhoria das relações entre as pessoas, educando-as –, a compreensão do período em que vivia e a natureza humana. A literatura teria, assim, uma função transformadora, pois, levando o leitor a refletir sobre suas próprias dificuldades e sobre os problemas sociais, provocaria nele o desejo de mudança.

Vejamos um trecho de "O destino da literatura", que faz parte de seu livro *Impressões de leitura*, em que cita Taine e Brunetière:

> A Beleza, para Taine, é a manifestação, por meio dos elementos artísticos e literários, do caráter essencial de uma ideia mais completamente do que ela se acha expressa nos fatos reais.
>
> Portanto, ela já não está na forma, no encanto plástico, na proporção e harmonia das partes, como querem os helenizantes de última hora e dentro de cuja concepção muitas vezes não cabem as grandes obras modernas, e, mesmo, algumas antigas.
>
> Não é um caráter extrínseco de obra, mas intrínseco, perante o qual aquele pouco vale. É a substância da obra, não são as suas aparências.
>
> Sendo assim, a importância da obra literária que se quer bela sem desprezar os atributos externos de perfeição de forma, de estilo, de correção gramatical, de ritmo vocabular, de jogo e equilíbrio das partes em vista de um fim, de obter unidade na variedade; uma tal importância, dizia eu, deve residir na exteriorização de um certo e determinado pensamento de interesse humano, que fale do problema angustioso do nosso destino em face do Infinito e do Mistério que nos cerca, e aluda às questões de nossa conduta na vida.

É, em outras palavras, o parecer de Brunetière. (Barreto, 1956, v. XIII, p. 58-9)

No mesmo texto, inspirado em Guyau, escreve: "Que importa o presente! No futuro é que está a existência dos verdadeiros homens" (*ibidem*, p. 68).

Ainda que tal concepção tenha sido questionada pela crítica[11], a perspicácia de Lima Barreto levou-o a não aderir cegamente a ideologias de esquerda – como o anarquismo – que não afrontavam diretamente a argumentação falsamente científica do racismo. Quando opta pelo sentido amplo de humanidade e solidariedade, solapa pela base as teorias de hierarquização racial, rebaixando-as e surpreendendo o racismo brasileiro com sua *performance* de mil máscaras. Ainda no texto citado, o autor enfatiza que "o homem, por intermédio da Arte, não fica adstrito aos preceitos e preconceitos de seu tempo, de seu nascimento, de sua pátria, de sua raça; ele vai além disso, mais longe que pode, para alcançar a vida total do Universo e incorporar a sua vida na do Mundo" (*ibidem*, p. 66).

Mesmo tendo se entusiasmado pela Revolução Russa de 1917 e por seus princípios, o escritor carioca não descuidava da realidade. Os movimentos operários, cuja organização se iniciava, promoviam manifestações, como greves, sendo formados em sua maioria por imigrantes europeus que não estavam preocupados com a questão racial. Aliás, eles haviam trazido na bagagem a convicção hierárquica das raças, por mais

---

11. O crítico Antonio Arnoni considera tratar-se de um "utopismo militante" (Prado, 1976, p. 103).

precárias que tenham sido suas condições de embarque e desembarque. Lima Barreto estava atento a isso.

Com ideias e estratégias próprias, o autor mergulha no cotidiano, no qual encontrará as novidades da área urbana: o trem de subúrbio, o bonde, os automóveis e as constantes alterações levadas a efeito no campo da construção civil. Desenvolve um fascínio pela cidade, apurando diariamente o senso de observação e de crítica. Visto socialmente como figura não desejada, Lima Barreto passa a observar seu contexto social, a fazer sua a cidade, presentificando-a em sua obra quase como uma personagem.

Mesmo com toda a intimidação que vai sendo imposta ao errante escritor[12], a cidade do Rio de Janeiro é apreendida detalhadamente pela ótica de seus personagens, tais como Isaías Caminha e Gonzaga de Sá. Nas *Recordações* do primeiro, o personagem-narrador, egresso do interior, descreve a rua como que deslumbrado, porém com aguçado senso crítico:

> Subia a rua. Evitando os grupos parados no centro e nas calçadas, eu ia caminhando como quem navegava entre escolhos, recolhendo frases soltas, ditos, pilhérias e grossos palavrões também. Cruzava com mulheres bonitas e feias, grandes e pequenas, de plumas e laçarotes, farfalhantes de sedas; eram como grandes e pequenas embarcações movidas por um vento brando que lhes enfunasse

---

12. "[...] eu, apesar de ser um sujeito sociável e que passo, das vinte e quatro horas do dia, mais de quatorze na rua, conversando com pessoas de todas as condições e classes, nunca fui homem de sociedade: sou um bicho do mato" (Barreto, 1956, v. XIII, p. 55).

igualmente o velame. Se uma roçava por mim, eu ficava entontecido, agradavelmente entontecido dentro da atmosfera de perfumes que exalava. Era um gozo olhá-las, a elas e à rua, com sombra protetora, marginada de altas vitrinas atapetadas de joias e de tecidos macios.

Parava diante de um e de outra, fascinado por aquelas coisas frágeis e caras. As botinas, os chapéus petulantes, o linho das roupas brancas, as gravatas ligeiras pareciam dizer-me: Veste-me, ó idiota! Nós somos a civilização, a honestidade, a consideração, a beleza e o saber. Sem nós não há nada disso; nós somos, além de tudo, a majestade e o domínio. (Barreto, 1956, v. I, p. 83)

Não se trata de uma descrição fria. Ao contrário, seu narrador nos vai comunicando as suas impressões diante do que descreve. No conto "A vagabunda", podemos ainda observar que o narrador, também personagem, apresenta-se como alguém vigilante, que interpreta o que vê:

Uma noite estava sentado entre desanimados, como eu, num banco do largo da Carioca, considerando aqueles automóveis vazios, que lhe levam algum encanto. Apesar disso não pude deixar de comparar aquele rodar de automóveis, rodar em torno da praça, como quem para dar ilusão de movimento, aos figurantes de teatro que entram por um lado e saem pelo outro, para fingir multidão; e como que me pareceu que aquilo era um truque do Rio de Janeiro para se dar ares de grande capital movimentada [...]. (Barreto, 2010, p. 258-9)

Essa presença crítica do narrador também nos apresenta uma disposição para o testemunho. Mesmo quando aquele não faz parte da história e o texto é narrado em terceira pessoa, há uma "libertação do narrador, a caminho assim do direito permanente à pesquisa estética que Mário de Andrade consideraria, um dia, uma das conquistas básicas do Modernismo" (Prado, 1976, p. 66).

Seria simples supor que o escritor não sabia o que estava fazendo e errava ao compor sua obra. Contudo, pelo testemunho deixado pelo próprio Lima Barreto, não se tratava de alguém desinformado quanto à composição literária, gêneros etc. Suas opiniões são embasadas em leitura não apenas literária, mas também crítica. A conclusão a que se pode chegar é que havia um propósito de escrever diferentemente do estabelecido.

O crítico Montenegro (citado por Osman Lins), desqualificando o romance *Recordações do escrivão Isaías Caminha*, apresenta o que considera serem os padrões ideais do gênero: "Deve ser obra de imaginação, e com todas as qualidades emocionais e poeticamente sensíveis da ficção" (Montenegro, 1956, p. 15). Contudo, antes, contesta o desejo transformador: "Mas justamente este é o grande pecado da obra de Lima Barreto, e donde vêm as suas imperfeições maiores: querer transformar o romance" (*ibidem*). Ao que parece, tudo sugere que o crítico está discutindo o caráter meramente formal do gênero. Entretanto, vamos ler contra o que ele está de fato se indispondo no trecho por ele mesmo citado e que pertence, ficcionalmente, ao narrador-personagem Isaías Caminha (e não necessariamente ao escritor), que reflete sobre o livro que ele, o personagem, está escrevendo. Segundo o crítico, "com essas *Recordações* quero [*sic*] modificar a opinião dos meus concidadãos, obrigá-los a pensar de outro modo. [...]" (*ibidem*). Ampliando e substituindo as reticências deixadas por Montenegro, segue o que consta do livro de Lima Barreto como expressão do personagem Isaías, referindo-se a princípio a diversos autores europeus:

> Confesso que os leio, que os estudo, que procuro descobrir nos grandes romancistas o segredo de fazer. Mas não é a ambição literária que me move ao procurar esse dom misterioso para animar e fazer viver estas pálidas *Recordações*. Com elas, queria modificar a opinião dos meus concidadãos, obrigá-los a pensar de outro modo, a não se encherem de hostilidade e má vontade quando encontrarem na vida um rapaz como eu e com os desejos que tinha há dez anos passados. (Barreto, 1956, v. I, p. 120)

A "hostilidade e má vontade" constituem manifestações racistas que Isaías está combatendo, sendo inclusive polido ("queria modificar"), e que o crítico, na verdade, não perdoa ter o autor revelado, pois em outros momentos de seu prefácio Montenegro expõe até que ponto lhe desagradam determinados conteúdos da obra barreteana, como o parágrafo de *Bagatelas*, em texto de 1919:

> Não foi jamais minha esperança obter com as letras dinheiro, posição ou o que quer que fosse fora do que é o objetivo delas, normalmente. Conhecia caminhos menos

árduos [...]. Uma vez ainda declaro que, fazendo literatura, não espero fortuna, nem empregos; e não se incomodem com o meu esbodegado vestuário, porque ele é a minha elegância e a minha *pose*. (Barreto, 1956, v. IX, p. 138)

O crítico assim reagiu (Montenegro, 1956, p. 14):

> Há, porém, muito mais expressivo ainda do que isto: o gosto diabólico, perverso, insaciável com que escancarava a sua vida inteira aos olhos e ouvidos de todo mundo; com que falava da sua cor de mulato, da sua pobreza, da doença do pai que acaba internado no mesmo hospital de loucos onde era excelente funcionário, na Ilha do Governador.
>
> [...]
>
> Não fazia igualmente Lima Barreto nenhum mistério da sua timidez com as mulheres, dos acessos de loucura que por vezes o assaltavam e da sua vertiginosa inclinação para a bebida. Mas toda essa exibição, feita com estrídor e raiva, dos quadros humildes da sua vida, não era um cinismo: era uma desforra. Era o seu velho complexo de inferioridade em delírios de vingança.

Esse exemplo sugere que muitos outros estudiosos, pelo viés da biografia, acrescentaram expressões como "complexo de inferioridade em delírios de vingança" à existência de Lima Barreto, criando em torno de sua figura essa aura de negativismos. Tudo por conta do que ele ousou criticar, particularmente a hipocrisia racial reinante na sociedade brasileira da época – e, por que não dizer, até hoje. Osman Lins (1976, p. 58), comentando esse típico mal-estar que causaram as *Recordações do escrivão Isaías Caminha*, inclusive em Montenegro, acrescenta tratar-se de "concepção purista da arte romanesca".

O tipo de narrador presente nas *Recordações* causou e causa muita ojeriza em críticos e leitores mais tradicionais, pois estava (e para alguns ainda está) fora das regras do bem escrever literatura. Se, por um lado, as transgressões na obra de Lima Barreto mantiveram-no apartado do cânone por um tempo, também serviram para garantir-lhe consideração e destaque entre os escritores que ousaram contrapor-se às regras e perante um público menos afeito a concepções conservadoras. A Semana de Arte Moderna veio confirmar isso. E, no caso do leitor atual, a presença dos vários tipos de discursos e gêneros literários em um mesmo texto certamente deve remetê-lo à oralidade do dia a dia, quando situações das mais diversas ocasionam a simultaneidade daqueles vários registros diferenciados.

Quando se tem uma crítica desabonadora a fazer, lança-se mão de argumentos que levam a um suposto mundo de regras puras. Montenegro, por exemplo, ao se referir à "ficção", está se remetendo a um modelo que teria todas aquelas qualidades citadas, supostamente inexistentes na obra de Lima Barreto. Isso porque o autor usou recursos da sátira nas *Recordações do escrivão Isaías Caminha* para falar do real. Do ponto de vista da escala de valor literário vigente à época, a obra já nascia desvalorizada.

Apesar de não ter aderido ao movimento modernista, Lima Barreto foi compreensivo com os novos autores que fugiam ao regramento tradicional, chegando a elogiar o capítulo do livro

Crítica de ontem, de Nestor Vítor, em que este se refere aos nefelibatas[13].

É com essa consciência que sua obra chegou aos nossos dias. O modelo de avaliação muda com o tempo e os princípios da crítica seguem novos rumos; o público se altera também. O que havia de fixo e rígido naquele período, no que se refere à literatura, mudaria radicalmente já antes da morte de Lima Barreto, com a chegada do Modernismo. Sua obra continua sendo reabilitada[14], por ter anunciado avanços estéticos e por apresentar um profundo conteúdo humano.

Para Osman Lins (1976, p. 25), Lima Barreto,

> longe de ser – e só isto – um ressentido, é ele um lutador, um escritor consciente das desigualdades, das degradações de natureza ética ou estética, um ser humano cheio de fervor,

---

13. Escritores sonhadores que escrevem de forma nebulosa, idealista, fora da realidade. Termo pejorativo atribuído aos autores do fim do Simbolismo.

14. As primeiras edições da obra barreteana foram descuidadas na revisão. Na crônica "Esta minha letra...", publicada na *Gazeta da Tarde*, de 28 de junho de 1911, o autor inicia o texto com a seguinte frase: "A minha letra é um bilhete de loteria" (Barreto, 2004, p. 90). E prossegue comentando sua péssima caligrafia, atribuindo-lhe a causa de tantos erros nas edições de seus trabalhos e até problemas de relacionamento: "O mais interessante é que a minha letra, além de me ter emprestado uma razoável estupidez, fez-me arranjar inimigos" (*ibidem*, p. 91). As condições gerais de edição eram precárias, não apenas a letra do autor. Em 1956, a reunião de 17 volumes feita por Francisco de Assis Barbosa deu visibilidade à sua produção. No ano de 2001, a editora Nova Aguilar lançou, em um só volume, o principal de sua obra, com organização de Eliane Vasconcellos. Em 2004, Rachel Valença, com apresentação e notas de Beatriz Rezende, editou dois volumes de crônicas. Em 2010, Lilia Moritz Schwarcz reuniu os contos publicados e inéditos. Além dessas, há diversas outras edições de obras individuais.

sonhando um mundo menos estúpido e clamando até à morte – sem meios-termos, sem frieza, assumindo posições claras, com truculência, com cólera – a sua verdade.

ANTI-HEROÍSMO RADICAL

Uma das características mais importantes da literatura realista e naturalista foi a derrocada do herói. Com o surgimento e o fortalecimento das camadas sociais médias, as façanhas do protagonista perderam os resquícios de certa aura divina cultivada pela tradição clássica. Ele passou a espelhar as dificuldades, baixezas e fragilidades das pessoas comuns.

Um herói, a rigor, mesmo que sua ação tenda para o mal, para o negativo, não deixa de ser grandioso, por mais que se destrua, destrua outros seres ou por eles seja destruído. Tomemos como exemplo o romance *Bom crioulo*, de Adolfo Caminha, publicado em 1895. O protagonista, o marinheiro negro Amaro, mesmo cometendo um crime por ciúme, matando o grumete Aleixo, com quem vivera uma relação apaixonada, guarda em sua ação um quê de interferência de forças incontroláveis – a saber, a paixão, que acaba atuando no lugar dos deuses que instigavam os heróis clássicos. Amaro é, sim, um anti-herói que traz uma marca de seu oposto.

Na escola naturalista, encontramos situação semelhante em *O mulato*, de Aluísio Azevedo, publicado no ano de nascimento de Lima Barreto (1881). O protagonista, Raimundo, movido pela paixão proibida por uma mulher, sua prima Ana Rosa, acaba assassinado por um rival. Seu anti-heroísmo também traz o resquício da interferência sobrenatural, pois o que move a luta entre as partes é a paixão, sentimento que implica arrebatamento, perda da razão. Nesses dois casos ocorre o fenômeno da alteração do destino dos personagens.

Desde o seu primeiro livro, *Recordações do escrivão Isaías Caminha*, Lima Barreto apresenta anti-heróis radicalizados. Com exceção de *Clara dos Anjos* e *O subterrâneo do Morro do Castelo*, não há nos demais o impulso pelas forças da paixão libidinal. Isaías Caminha, Policarpo Quaresma, Gonzaga de Sá, Numa Pompílio e Vicente Mascarenhas, protagonistas de outros romances, circulam em uma atmosfera que os mantém atados a uma imobilidade social asfixiante. Trata-se de um anti-heroísmo que bloqueia o último reduto da possibilidade heroica.

Se não há herói, não há perspectiva épica ou acontecimentos de relevo capazes de alterar o destino de um povo ou mesmo de outros personagens. Fragilizados, os personagens de Lima surgem para a compreensão do leitor, porém expondo vaidade, orgulho e dignidade. Como ter compreensão ou compaixão para com alguém que demonstra amor-próprio apesar de reconhecer a própria fragilidade? É uma questão colocada pela obra de Lima Barreto. Seu anti-herói, embora de mãos atadas, mantém o olhar humano, tanto os humilhados quanto os descarados espertalhões – como os personagens Numa Pompílio (do romance *Numa e a ninfa*), Doutor Bogóllof (da novela de mesmo nome), Castelo, do conto "O homem que sabia javanês" e também os personagens do conto "A nova Califórnia".

A fragilidade é uma denúncia. Assim como escravizado não é um *status* assumido, fragilizado também não é uma característica física, e sim circunstancial de alguém que está preso a uma camisa de força. Vejamos, por exemplo, como Barreto descreve os personagens em "O número da sepultura". O pai, o marido, a esposa, todos ali estão regularizados, operam como se fossem autômatos, peças de um sistema. O casal mora de aluguel e depende do salário de funcionário público que o marido recebe por trabalhar em repartição contígua à do sogro. À regularidade cotidiana opõe-se uma irregularidade interna provocada e gestada por insatisfações com os limites da vida doméstica impostos à mulher. O sonho põe em risco o orçamento doméstico. O risco passa. Tudo volta ao normal que oprime pela ausência de horizonte.

Em vez de serem levados pela paixão, os personagens são conduzidos pelo acaso. Este, diferentemente da paixão, não depende de pressuposições ou de forças extrassensoriais. O acaso instaura uma instabilidade crônica e uma desconcertante imprevisibilidade. No citado conto "O número da sepultura", a mulher recém-casada, após um sonho com a avó no qual esta lhe dita um número, age na dúvida. Joga no bicho o dinheiro reservado para pagar o aluguel, sem a menor certeza de ganhar. É um jogo, um jogo do acaso. A lei de causa e efeito perde sua característica lógica.

A mesquinharia da vida cotidiana envolve a todos em uma mesmice que beira a angústia. Quando o autor nos oferece esses quadros em que tudo parece passar rápido, ao passo que a vida das pessoas está estática politicamente, revela um contraste que realça a ausência de ação. O anti-herói radical caminha, vai de um lugar a outro, mas não age. Em seu entorno, as mudanças estão no ar (há crimes, suicídios, revolta popular), mas existe uma permanência inalterada. A banalização da Revolta da Armada que ocorre no romance *Triste fim de Policarpo Quaresma* exemplifica esse aspecto:

LIMA BARRETO

> Com o tempo, a revolta passou a ser uma festa, um divertimento da cidade... Quando se anunciava um bombardeio, num segundo, o terraço do Passeio Público se enchia. Era como se fosse uma noite de luar, no tempo em que era do tom apreciá-las no velho jardim de Dom Luís de Vasconcelos, vendo o astro solitário pratear a água e encher o céu.
>
> Alugavam-se binóculos e tanto os velhos como as moças, os rapazes como as velhas, seguiam o bombardeio como uma representação de teatro: "Queimou Santa Cruz! Agora é o Aquidabã! Lá vai". E dessa maneira a revolta ia correndo familiarmente, entrando nos hábitos e nos costumes da cidade.
>
> No cais Pharoux, os pequenos garotos, vendedores de jornais, engraxates, quitandeiros ficavam atrás das portadas, dos urinários, das árvores, a ver, a esperar a queda das balas; e quando acontecia cair uma, corriam todos em bolo, a apanhá-la como se fosse uma moeda ou guloseima.
>
> As balas ficaram na moda. Eram alfinetes de gravata, berloques de relógio, lapiseiras, feitas com as pequenas balas de fuzis [...]. (Barreto, 1956, v. II, p. 234)

Nem mesmo um conflito armado é capaz de fazer que as pessoas levem a sério a possibilidade de transformação, tal o acomodamento em que estão encerradas. Por trás dessa permanente exaustão de existir há o desencanto, a desesperança na alteração social para melhor. Nenhuma utopia.

Quaresma, depois de ferido na guerra, envia carta para a irmã Adelaide, na qual sintetiza sua frustração, reconhece sua insignificância e tem ainda esperança:

Esta vida é absurda e ilógica; eu já tenho medo de viver, Adelaide. Tenho medo, porque não sabemos para onde vamos, o que faremos amanhã, de que maneira havemos de nos contradizer de sol para sol...

O melhor é não agir, Adelaide; e desde que o meu dever me livre destes encargos, irei viver na quietude, na quietude mais absoluta possível [...]. (Barreto, 1956, v. II, p. 271)

A esse resquício de esperança, linhas adiante o narrador retrucará:

E ele perguntava, de si para si, onde, na terra, estava o verdadeiro sossego, onde se poderia encontrar esse repouso de alma e corpo, pelo qual tanto ansiava depois dos sacolejamentos por que vinha passando – onde? E o mapa dos continentes, as cartas dos países, as plantas das cidades, passavam-lhe pelos olhos e não viu, não encontrou um país, uma província, uma cidade, uma rua onde o houvesse. (Barreto, 1956, v. II, p. 272)

E, quando Quaresma aguarda na prisão o momento de ser fuzilado, o narrador, enumerando as suas tentativas frustradas de melhorar o país, acrescenta, fechando o cerco da decepção diante da vida: "A pátria que quisera ter era um mito; era um fantasma criado por ele no silêncio do seu gabinete" (Barreto, 1956, v. II, p. 285).

A decepção ante sua época demonstra a maturidade política de Lima: não embarcar nas ideologias. A ironia empregada mostra que se trata de um desencanto trocista. Quaresma, com sua morte, revela uma tentativa equivocada e propõe também a morte da bajulação ao poder instituído.

COQUETEL DE GÊNEROS

A perene controvérsia dos gêneros literários encontrou na obra de Lima Barreto uma problematização profunda, como reflexo da época em que o autor viveu, bem como da sua postura crítica em relação ao tema.

No final do século XIX, a discussão sobre os gêneros literários sofreu forte influência das ideias evolucionistas, no sentido de demarcar que eles, os gêneros, também passavam por transformações e poderiam se extinguir para que outros surgissem. Eram princípios defendidos por vários autores europeus, entre eles Brunetière, autor diversas vezes citado por Lima Barreto.

A noção de que os gêneros eram formas prontas dentro das quais os escritores deveriam encaixar seus conteúdos passou a ser questionada. Os críticos dessa ideia postulavam que as regras eram feitas a partir de obras literárias e a criação tinha o poder de reformar a configuração dos gêneros. A adequação do texto literário a padrões formais preestabelecidos já havia sido combatida pelo Romantismo, que propunha não serem os gêneros puros e, portanto, um emprestava ao outro suas características.

No Brasil, os poetas simbolistas, inspirados pelos românticos, seus antecessores, já haviam ousado tentar desvencilhar a criação literária das regras. O desenvolvimento que conseguiram realizar com a prosa poética e o poema em prosa é resultado desse inconformismo.

Cuti

Os conflitos sociais nesse período questionaram o papel do escritor na sociedade, ou seja, como ele deveria se manifestar, por meio de sua arte, diante de, por exemplo, uma guerra civil. Mas, também, qual seria a forma mais adequada do texto para atingir o objetivo de influenciar o comportamento dos leitores? Os movimentos revolucionários de inspiração marxista aumentaram esses questionamentos, bem como o maior acontecimento do período, a Primeira Guerra Mundial (1914) e a Revolução Russa (1917).

As transformações ocorridas no contexto brasileiro com a Independência, a Abolição e a República, assim como os conflitos decorrentes delas, levaram a inquietações profundas dos intelectuais[15] e à busca de um sentido de nação. Como país periférico, entretanto, o Brasil possuía um conservadorismo fortemente enraizado, sobretudo no campo das Letras.

Lima Barreto não apenas produziu literatura, mas também refletiu e escreveu sobre ela[16]. Quanto aos gêneros, sua opinião em *Impressões de leitura* estava sintonizada com o debate da época, e seu tom é o de quem tinha plena convicção de suas ideias: "Nós não temos mais tempo nem o péssimo critério de fixar rígidos gêneros literários, à moda dos retóricos clássicos com as produções de seu tempo e anteriores. Os gêneros que herdamos e criamos estão a toda hora a se

---

15. "Lima Barreto coincide com o instante em que, na literatura, a preocupação é definir uma nova atitude em face da mudança, sob muitos aspectos radical, no enfoque da realidade brasileira" (Prado, 1976, p. 21).

16. Ressalta Astrojildo Pereira (1956, p. 17) que "seu conceito de literatura não é intuitivo, ou, se o foi de início, logo procurou dar-lhe fundamento, esclarecendo-se em leituras".

entrelaçar, a se enxertar, para variar e atrair" (Barreto, 1956, v. XIII, p. 116).

Sua obra, entretanto, não abarca apenas gêneros literários que intercambiavam características. A intensa atividade do escritor implicava diversos tipos de texto. Por essa razão, gêneros diversos do discurso se misturam, o que marcou um diferencial naquilo que se prezava na literatura do período, propiciando estranhamento e exigindo do leitor que se desvestisse da perspectiva compartimentada das expressões da escrita. Nesse sentido, Osman Lins (1976, p. 32) observa: "Encontramos nos seus livros, entremeados à narrativa ou à maneira de engaste, a crônica, o ensaio, expansões líricas e até documento". O que confirma Antonio Arnoni (*apud* Prado, 1976, p. 67): "A cada passo, o discurso alterna no fluxo narrativo o tom de reminiscência, de ensaio, de crônica e de relato flagrante".

Tal variedade formal demonstra o inconformismo de Lima Barreto diante do regramento instituído para escrever literatura – atitude assumida conscientemente e resultante de uma prática de produção escrita densa e eclética.

BRINCANDO COM OS NOMES NOS TÍTULOS

O autor das *Bruzundangas* foi um prosador bastante cuidadoso quanto ao batismo de seus livros. Seu humor, pelo viés da ironia, levou-o a escolher títulos e nomear personagens de maneira muito particular, remetendo o leitor à criação de expectativas sobre o que lhe será narrado.

Considerando que de seus sete romances apenas dois não trazem o nome do protagonista nos títulos, vamos analisá-los, pois eles nos oferecem pistas, sendo o início da atmosfera proposta.

Recordações do escrivão Isaías Caminha

É o primeiro livro publicado pelo autor. Isaías é considerado o maior dos profetas bíblicos, e seu nome significa "salvação do Senhor (de Deus)"; "o Eterno salva". Lembremos que profecia é uma espécie de adivinhação sobre o futuro e apresenta inspiração divina. O romance não sugere este último aspecto, mas, quanto ao sentido profético, é preciso levar em conta que, no caso do personagem, o que vemos é um minucioso trabalho de observação social do ponto de vista de uma pessoa pobre. Isaías é mestiço, e sua epopeia ilumina um aspecto fundamental da sociedade de seu tempo: o racismo.

Assim, a ideia de profecia, embora reduzida, pode ser detectada no sentido de missão com que Isaías elabora seu relato, forçado por motivação profunda.

Analisemos agora o sentido incluso no sobrenome "Caminha", a respeito do qual podemos pensar no também escrivão histórico Pero Vaz de Caminha – o primeiro a produzir um documento escrito sobre o Brasil. Pero Vaz escreveu uma carta ao rei de Portugal mandando notícias da nova terra. O personagem de Lima Barreto, movido pelo sentido profético de missão (pois o profeta considera-se predestinado a agir em certo sentido), é também alguém que chega de outro lugar – cidade pequena – para conhecer a cidade grande, para ter contato com gente diferente. Está estabelecida a similitude da postura de ambos, o português e o personagem de Lima: a preocupação em descrever lugares, pessoas e coisas.

À exploração do novo espaço, podemos acrescentar o sentido verbal contido no sobrenome "Caminha" (terceira pessoa do singular no presente do indicativo do verbo "caminhar"), pois os deslocamentos são a base para produzir o conhecimento do local. Tanto um quanto outro realizam tal façanha. Pero Vaz, em sua carta, demonstra a realização de caminhadas descritivas pela nova terra. A postura de Isaías Caminha é a de alguém que se coloca de fora do contexto social para discrevê-lo. Àquela posição foi submetido pela rejeição racista e a assume como forma de proteção pessoal contra os embates diretos.

Também o fato de as *Recordações* serem o primeiro livro publicado por Lima Barreto e escrito em primeira pessoa atribui a ele um caráter confessional. O autor certamente sabia ser o primeiro romance de consciência racial no Brasil, no qual a voz pertence ao discriminado e não ao discriminador ou àquele conivente com o racismo, seja pelo silêncio sobre o assunto seja pela atitude mais comum, a de negar-lhe a existência ou importância para as relações sociais. "Caminhar" seria uma metáfora da trajetória do próprio escritor que inicia uma obra, um recado aos críticos: vou prosseguir.

Triste fim de Policarpo Quaresma

O primeiro nome do personagem talvez tenha sido empregado em função do mártir do cristianismo Policarpo de Esmirna (c. 69-c. 155), que foi discípulo do apóstolo São João Evangelista. O religioso, que era bispo de Esmirna, cidade da atual Turquia, foi assassinado por ter, diante do poder romano, se recusado a rejeitar sua fé. Por sua importância – sobretudo quanto aos primeiros debates acerca dos fundamentos da religião –, foi canonizado.

Antes de proceder às analogias entre o Policarpo de Lima Barreto e o santo, convém lembrar que há ironia quando a similitude destoa. Notemos ainda que o sobrenome do personagem de Lima Barreto não é topográfico como no caso do santo, mas reforça a possibilidade analógica porque é uma referência temporal católica: Quaresma. Por remeter ao período correspondente aos 40 dias de meditação e jejum que Jesus teria vivenciado no deserto, o sobrenome remete a forte religiosidade. Na Quaresma, a Igreja Católica propõe três ações principais, além de inúmeras restrições: a oração, a penitência e a caridade.

O personagem do romance assume o patriotismo como uma religião, buscando a todo custo uma autenticidade para a nação brasileira. Para isso também escreve cartas. Só que estas são ridicularizadas, diferentemente das do citado bispo, fundamentais para o debate teológico do período em que viveu. Policarpo Quaresma assume sua missão com um verdadeiro ímpeto de penitência e caridade, pois suas tentativas frustradas são dotadas de profunda sinceridade ingênua. Se Cristo recolheu-se ao deserto, Quaresma foi recolhido ao hospício e depois procurou afastar-se do convívio social, indo alojar-se no sítio Sossego.

O bispo de Esmirna foi condenado ao fogo, quando teria ocorrido um milagre: as chamas não o atingiram. Então, ele foi morto a espada. No romance, o personagem é submetido a um pelotão de fuzilamento, sem que os apelos de sua sobrinha Olga sejam ouvidos.

Quando a afilhada tenta falar com o presidente Floriano Peixoto, é impedida. Ao ser atendida por um militar, o narrador sutilmente descreve: "Quando ela lhe disse a que vinha, a fisionomia terrosa do homem tornou-se de oca e sob as suas pálpebras correu um firme e rápido lampejo de espada [...]" (Barreto, 1956, v. II, p. 296). Tal alusão à espada, mesma arma que vitimou o religioso, é mais uma possibilidade analógica.

A ironia do autor parece perder o ímpeto por se tratar de um ser ficcional cujos desejos não são todos descabidos, apenas a ingenuidade o descola da realidade ao imaginar mudanças sociais fáceis, sem oposição. Além disso, o romance aponta para os problemas da República em seus primeiros passos.

Numa e a ninfa

O protagonista desse romance se chama Numa Pompílio de Castro. Sua esposa, a ninfa, Gilberta Carvalho Cogominho.

Numa não é nome comum. Vem do latim *Numa*, calcado no grego *nómos* (lei), que significa "legislador". O nome surgiu com Numa Pompílio (754 a.C.-673 a.C.), segundo rei de Roma, e, ao que tudo indica, foi inicialmente um cognome e depois passou a prenome. "A Numa Pompílio se atribui a organização religiosa da cidade, inspirado que fora, segundo as tradições, pela ninfa Egéria, a quem encontrava num bosque sagrado" (Oliver, 2005, p. 254). Numa também possuiria poderes mágicos e contato direto com os deuses, inclusive Júpiter. Também escreveu vários livros sagrados (Grimal, 2000, p. 333).

A ironia se faz presente quando entramos em contato com os traços do personagem de Lima Barreto. Trata-se de um deputado carreirista, sem inteligência, pouco criativo e interessado apenas em amealhar posições, sem pensar no bem comum. Ele é incapaz de escrever o próprio discurso, o que solicita à mulher. Ao descobrir que é o amante da esposa quem os escreve, não revela sabê-lo, para continuar tirando proveito dos textos que o tornam reconhecido socialmente.

Quanto à ninfa (o nome "Egéria" é um anagrama imperfeito de Gilberta), trata-se de uma divindade da mitologia grega. Em alguns casos, as ninfas foram mulheres de heróis que mantiveram relações de favores aos deuses. Elas também intervinham na vida humana, como as fadas. A mediocridade do político mais uma vez revela a ironia do autor e a função "mágica" de sua esposa.

Vida e morte de M. J. Gonzaga de Sá

Nesse título, também onomástico, a ironia concentra-se nas iniciais "M. J.", cuja sonoridade remete-nos à cacofonia "mijota". Mijote é um indivíduo covarde, medroso. A palavra é originária de "mijo". Há, portanto, uma avaliação moral no título. Isso é sintomático em um livro que é "fundamentalmente um conjunto de meditações sobre o destino humano", no qual "nenhum fato concreto determina a cena; a cena, por sua vez, nada provoca", e nele "o romancista abafou todo embrião de conflito" (Lins, 1976, p. 114 e 144-5).

Meditar sobre problemas seria uma atitude que o próprio escritor censuraria ao dar um título jocoso a seu livro? Em certo trecho do romance, o protagonista desabafa: "Tenho desgosto de mim, da minha covardia... Tenho desgosto de não ter procurado a luz, as alturas, de me ter deixado ficar covardemente [...]" (Barreto, 1956, v. IV, p. 149).

Quanto às iniciais, trata-se de Manuel Joaquim, dois nomes portugueses, cujos significados são, respectivamente: "Deus está conosco" e "o elevado de Deus, elevação do Senhor" (Oliver, 2005, p. 210). O contraste entre os significados e a cacofonia das iniciais guardam a ironia corrosiva do autor. A divindade embutida nos sentidos do nome de Gonzaga de Sá é demolida pelo jogo feito com as iniciais, resultando em "mijota". Entretanto, o personagem é alguém em busca de conhecimento, um homem culto e de boas intenções e ideias.

Quanto a "Gonzaga", de origem teutônica, o significado é "salvo da guerra"; e Sá, como o próprio personagem vai explicar, viria do militar português fundador do Rio de Janeiro, Mem de Sá (1500-1572). Sendo o personagem de Lima Barreto um intelectual que não age, só medita, parece não corresponder à sua ascendência militar. Estaria "salvo da guerra" pela covardia.

Clara dos Anjos

O narrador onisciente não deixa de ironizar a personagem que dá título ao romance por meio de seu próprio nome. Clara, por vezes chamada de Clarinha, não é branca, mas uma negro-mestiça que não aceita sua identidade étnica. Ao contrário, busca no seu futuro algoz a saída para se livrar daquela identidade e adquirir, por intermédio de sua prole, o branqueamento.

A ironia nominativa se estende ao sobrenome da personagem (dos Anjos), caracterizando-a como ingênua, porém fazendo de sua entrega sexual um dado a mais a negar o sentido da palavra que a identifica. A história de Clara dos Anjos sugere que nenhuma reverência a seres celestiais, mesmo por meio de sobrenomes, é capaz de nos livrar dos tormentos gerados nas relações humanas.

Duplamente caracterizada pela identidade nominal, a história da personagem reflete exatamente o que seu batismo conotou: fragilidade. Clara, sendo negro-mestiça sem querer ser; "dos Anjos", deixando-se seduzir por um homem de mau-caráter, um vilão branco.

Os dois outros romances de Lima Barreto, *O cemitério dos vivos* e *O subterrâneo do Morro do Castelo*, como se nota, não têm nomes de pessoas no título. O primeiro, certamente, por ser um livro inacabado, cuja tese subjacente objetiva abordar a vida nos manicômios; o segundo, por ser uma obra baseada em uma reportagem para o jornal *Correio da Manhã*.

Ao encerrar este capítulo, sugiro ao leitor não desprezar os sentidos possíveis dos nomes de personagens, não apenas nos títulos dos romances, contos e crônicas, mas também no interior dos próprios textos. Há uma galeria deles, cuja verve metafórica salta aos olhos: Ricardo Coração dos Outros, Cogominho, Lucrécio Barba de Bode etc.

Lembremos também do título de outras obras:

- *Os Bruzundangas*: "bruzundanga" significa bagunça, coisa imprestável, palavrório;
- *Coisas do reino do Jambon*: o próprio autor (1956, v. VIII, p. 27) explica: "O reino do Jambon é assim chamado porque afeta, mais ou menos, a forma de um presunto", referindo-se ao desenho do mapa do Brasil;

- *Bagatela*: objeto de pouco valor, pouca soma de dinheiro;
- *Feiras e mafuás*: além de remeter a parque de diversões, "mafuá" tem o sentido de bagunça, confusão e baile popular.

Além disso, os nomes dos contos e crônicas trazem aspectos interessantes, revelando sutilezas que o autor tentou nos comunicar, e, certamente, quando recebem nossa especial atenção, tornam a leitura de sua obra bem mais profunda e substanciosa. Afinal, a literatura é um campo aberto para interpretações e não uma caixa secreta para adivinhação.

2. Ficção, realidade e vida pessoal

Entre ficção e realidade, a distância diminui progressivamente. Com a internet foi criado o mundo virtual, meio-termo entre o real e o imaginário. Acontece que a ficção literária não traz em si apenas um conteúdo produzido pela imaginação. Ela tem o poder de nos arrebatar no ato da leitura. E alcança esse objetivo por meio de recursos que envolvem peripécia, linguagem, suspense, personagem, clímax, ritmo, tempo, espaço, protagonista, antagonista, desfecho, descrição, narração, tema etc. Dentre esses elementos, destacamos a realidade e a vida pessoal. Na ficção, eles podem ter uma função muito importante para o efeito de convencimento, a verossimilhança, o conjunto de analogias que fazemos quando recebemos alguma mensagem que faz nossa vida muito mais iluminada de consciência.

O que mais se comenta sobre os livros de Lima Barreto é isto: a presença, nas obras, da realidade e de aspectos de sua vida.

Quando falamos de nós mesmos, uma boa parte é mentira, ou melhor, invenção, seja por má-fé de nossa parte, por mero esquecimento ou ainda falha na recuperação do conteúdo da memória. O passado tende a se tornar ficção porque o vivido acaba sendo fortemente influenciado pela imaginação.

No caso de Lima Barreto, seu testemunho pessoal na ficção e até nos textos jornalísticos é detectado pelo cotejo feito com seus diários, o íntimo e o do hospício; com os registros de sua vida, além das cartas que enviou e das que recebeu. Também há vários testemunhos, escritos ou transcritos, de pessoas que o conheceram[17], além de levantamentos em fichas de hospitais, publicações na imprensa e documentos, tudo reconstituindo a "vida" do autor. Os biógrafos, entretanto, não estão imunes a sequestros relâmpago da imaginação. Por essas e outras razões um autor acaba virando personagem. No caso de Lima Barreto, isso se deu sobretudo por ele ter destoado (pobre e negro-mestiço assumido) das expectativas de sua época relativas à figura e ao comportamento de um escritor. Para muitos, o fato de ele ter produzido sua obra em condições adversas assemelha-se a um enigma.

CONSIDERAÇÕES SOBRE A ESFINGE

É comum a curiosidade acerca de como se dá a produção de um escritor. Lima Barreto e sua obra constituem uma fartura nesse sentido. Seu chamado *Diário íntimo* traz anotações de

---

17. Seu biógrafo, Francisco de Assis Barbosa, em *A vida de Lima Barreto*, e H. Pereira da Silva, em *Lima Barreto, escritor maldito*, citam alguns desses testemunhos. Veja mais detalhes na bibliografia.

distribuição de exemplares de seus livros, rememorações, detalhes do cotidiano, esboços e esquemas de textos que não foram publicados e de livros bastante conhecidos. Portanto, aos curiosos do processo do escritor, a leitura do citado diário é o caminho, apesar do cuidado que se deve ter. Mesmo em um diário é possível mentir ou omitir.

Sobre a mistura de obra e biografia na interpretação, Osman Lins (1976, p. 59), comentando as *Recordações do escrivão Isaías Caminha*, lança o alerta para o exagero, pois a obra traz "um conflito no qual se reconhecem problemas pessoais do verdadeiro autor, o que tem levado a várias distorções na visão corrente da sua obra". Lins não esclarece quais distorções são essas, mas podemos inferir que elas são fruto de ignorância ou má-fé. Neste último caso, estamos no plano da ideologia dominante, cuja visão de pobre e negro é relacionada com a inferioridade.

Tomemos um exemplo revelador. O biógrafo de Lima Barreto, Francisco de Assis Barbosa (1975, p. 89), escreveu: "Lima Barreto era, de fato, pronunciadamente mulato, sem disfarces, cabelo ruim, pele azeitonada". Em *Clara dos Anjos*, o próprio narrador criado por Lima Barreto usa a expressão para caracterizar o pai da protagonista – mas, perspicazmente, acrescentou um "como se diz"[18].

O que está por trás da expressão "cabelo ruim" usada pelo biógrafo? O complexo de superioridade do branco em relação ao negro. Se há cabelo ruim, pressupõe-se que exista cabelo bom. Esse complexo o tempo todo usa "disfarces" e, às vezes,

---

18. "O carteiro era pardo claro, mas com cabelo ruim, como se diz; a mulher, porém, apesar de mais escura, tinha o cabelo liso" (Barreto, 1956, v. V, p. 71).

as próprias vítimas desse processo injusto consideram normais os ataques que sofrem[19]. Esse pano de fundo, que condiciona o olhar de tantos que visitam a obra de Lima Barreto e sobre ela discorrem, foi matéria ficcional do escritor.

Há uma acentuada tendência nos assuntos literários, ao realçar a perspectiva histórica, de devolver ao passado o escritor e sua obra utilizando-se dos estudos de época, quase como uma reação por nos sentirmos invadidos por eles. É como se ambos (escritor e obra) necessitassem de exorcismo, a fim de não se intrometer na atualidade[20]. Contudo, é a capacidade de transcender o tempo e se comunicar com outras épocas que demonstra o poder literário de uma obra. Quando ela ultrapassa a sua circunstância temporal, sinaliza que contém algo capaz de sensibilizar gerações futuras.

Mesmo aqueles que se propõem a considerar apenas os contos, romances e crônicas de Lima Barreto não conseguem vencer a atração que seus dados biográficos exercem e, por isso, a contragosto, derivam em sua direção. Por esse motivo, padronizou-se um tipo de abordagem que acaba por tomar a vida pessoal do autor pela obra. O estigma de alcoólatra e louco

---

19. "A ação silenciosa da discriminação automática torna o racismo uma prática estabelecida, costumeira, mas dificilmente detectável. Somente do outro lado da linha, no polo distante e macroscópico das estatísticas, torna-se visível o resultado social desses incontáveis gestos microscópicos e rotineiros. [...] Se considerarmos que cada época e cada cultura tiveram uma área específica de insensibilidade e uma cegueira própria, não tenho dúvidas em afirmar que a nossa é a dos males do racismo com sua sequela de sofrimentos" (Segato, 2005-2006, p. 79-80).
20. "Malditos são todos aqueles que dizem verdades incômodas. E Lima Barreto incomodava como ainda incomoda" (Silva, 1981, p. 26).

consequentemente serve de motivo para essa tipologia analítica. Com a publicação do *Diário íntimo* e do *Diário do hospício*, sua vida foi devassada a minúcias, e as relações entre autor e personagens geraram equívocos grosseiros. O escritor tornou-se um grande personagem da crítica. Por esse motivo, esta, em relação a Lima, acaba tendendo à ficção.

Como já foi assinalado, existe muita curiosidade acerca da forma como os escritores produzem. O ímpeto de vasculhar a vida do autor para descobrir a razão da obra prossegue seu itinerário. Há, sem dúvida, em tal persistência muita compaixão. Lima Barreto sofreu como pouca gente sofre. Isso nos comove e nos move em direção a esse sofrimento como se quiséssemos curar-lhe as feridas. Há também um sentimento de culpa racista direcionando esse impulso. No Brasil, muitas vezes, o branco que não é racista é conivente com o racismo. E Lima Barreto sofreu muito porque nasceu no tempo da escravidão e viveu, depois da Abolição, em uma sociedade racista, cujos pensadores, apoiando-se em teorias estrangeiras, tentaram provar a superioridade congênita do homem branco. Ele sofreu não porque era negro-mestiço, mas porque a sociedade era racista, ou seja, os que dominavam o poder político e econômico estavam convictos de que ausência de melanina na pele representava superioridade e de que a escravidão que se extinguira deveria continuar em outros termos. Por isso, discriminar os descendentes dos escravizados era uma necessidade para manter o poder e a pose.

Outro motivo que leva a uma consideração superlativa da vida do escritor é o fato de ele ter abordado assuntos que até hoje se tem pruridos de tocar, como a discriminação racial e o uxoricídio (assassinato contra a mulher praticado pelo marido).

E mais, desprezou a maneira pedante de usar a linguagem, além de incluir a vida da periferia em seus romances. Quanto à crítica aos políticos e seus roubos, isso é comum no Brasil de hoje, mas a sátira do autor ainda pode despertar muita gente para o que se passa, de fato, em nosso país.

Já vimos que o primeiro narrador a surgir nos romances de Lima Barreto foi um negro-mestiço: Isaías Caminha, jovem pobre, saído de cidade pequena para cidade grande. Sua obra se chama "Recordações", ou seja, recupera aspectos de sua vida pregressa. Isaías transita pela cidade em busca de colocação no escasso mercado de trabalho. Estudou e, por isso, não quer aceitar qualquer serviço. O narrador-personagem descreve de seu ponto de vista vivencial, ou seja, como ser discriminado vai registrando emoções, sentimentos e pensamentos provocados pela discriminação. E, nessa perspectiva, aplica-se em revelar a engrenagem da grande imprensa, descrevendo as relações humanas no jornal em que passa a trabalhar como contínuo. Em certo ponto do livro, o personagem Caminha comenta o próprio texto que elabora. Refletindo seu mal-estar em redigi-lo, por não estar seguro da realização do objetivo almejado, acrescenta:

> Que tortura! E não é só isso: envergonho-me por esta ou aquela passagem em que me acho, que me dispo em frente de desconhecidos, como uma mulher pública... Sofro assim de tantos modos, por causa desta obra, que julgo que esse mal-estar, com que às vezes acordo, vem dela, unicamente dela. Quero abandoná-la; mas não posso absolutamente. (Barreto, 1956, v. I, p. 121)

É comovente que o narrador divida com o leitor suas angústias e perplexidades na redação do livro. Possibilita uma intimidade tal que os atos de escrever e de ler dão a impressão de ser simultâneos. O narrador convida o leitor a adentrar o momento da criação textual. Aqui, a verossimilhança atinge um dos pontos mais altos do livro. Trata-se de um recurso identificado como metalinguagem. Mas, diferentemente de Machado de Assis, cujos narradores "conversavam" com os leitores (em geral leitoras), nas *Recordações do escrivão Isaías Caminha* o narrador não se coloca como onisciente, embora a história seja sua. Usa o tom confessional e aproxima-se do leitor para com este dividir suas angústias relacionadas à continuidade do próprio livro. As reações a esse tipo de recurso podem ser as mais variadas, porém difícil é permanecer indiferente diante dele no fluxo da leitura.

Se confundirmos o personagem-narrador, Isaías Caminha, com o autor, Lima Barreto, cairemos na armadilha da verossimilhança, que articula ficção e dados biográficos, e certamente concluiremos que o autor não sabia escrever e se avaliava mal; sua autoestima era... e assim por diante. Se, por outro lado, aceitarmos que essa confissão ao leitor não passa de recurso estilístico, continuaremos a colher os bons frutos da ficção.

O narrador barreteano que se intromete na narrativa, além de demonstrar seu lugar social pobre e negro-mestiço, desdenha a idealização do texto literário que se fazia na época pelos conservadores, munidos de suas regras e verdades de como se devia escrever literatura. Assim,

diante do leitor está um narrador que se desmascara, que faz questão de não ter estilo nem capacidade literária,

que foge dos "mestres" da Garnier e quase chega a desesti-
mular o leitor ao prefigurar ele mesmo a pobreza de sua
narrativa. (Prado, 1976, p. 29)

Se, de um lado, há o apelo à aproximação com a realidade, o que
levou as *Recordações* a ser consideradas um *roman à clef*, de outro, aparecem situações tragicômicas. Há, entre os personagens,
um gramático que a todos corrige, cujo sintomático nome é Lo-
bo (sem dúvida, referência direta ao animal), e acaba por enlou-
quecer devido à sua obsessão. Outro, tido por literato, cujo nome, Floc, nos remete à noção de rebanho (em inglês, *flock*),
suicida-se por não conseguir redigir algo para publicar no jornal.
Nas duas ocorrências, simbolicamente o narrador apresenta no
fundo a razão de seu combate: o uso da linguagem em voga na
época (empolada, repleta de termos raros, calcada na tradição
portuguesa de conceber a frase, distante dos termos usados no
cotidiano, enfim, descolada da realidade). Essa apresentação só
poderia ocorrer de onde o narrador se posicionava e com a liberdade com que narrava, pois um humilhado traz em si o desejo
de se livrar da humilhação – ou de, pelo menos, verbalizá-la.
Esse desejo de Isaías Caminha se traduz pela confissão das
humilhações sofridas, o que embute a denúncia, como também
pelo relato da derrocada dos que fazem parte do grupo que o
repele ou apenas tolera. Aí Caminha aponta fraquezas que ele
próprio não tem. Do ponto de vista psicológico, dá-se a com-
pensação. Existencialmente, nivela-os a si, humanizando-os.
Os dois personagens, além disso, prefiguram situações bizar-
ras, são tragicômicos. O mesmo acontece, em certa medida,
com Policarpo Quaresma. A expressão "triste fim" do título do

romance é, ao mesmo tempo, lamento e ironia sobre alguém sem senso de ridículo. Quando, por exemplo, Policarpo apela para o folclore, realiza uma cena circense:

Quaresma fez o "Tangolomango", isto é, vestiu uma velha sobrecasaca do general, pôs uma imensa máscara de velho, agarrou-se a um bordão curvo, em forma de báculo, e entrou na sala. As dez crianças cantaram em coro:

Uma mãe teve dez filhos
Todos os dez dentro de um pote:
Deu o Tangolomango nele
Não ficaram senão nove.

Por aí, o major avançava, batia com o báculo no assoalho, fazia: hu! hu! hu!; as crianças fugiam, afinal ele agarrava uma e levava para dentro. Assim ia executando com grande alegria da sala, quando, pela quinta estrofe, lhe faltou o ar, lhe ficou a vista escura e caiu. Tiraram-lhe a máscara, deram-lhe algumas sacudidelas e Quaresma voltou a si.

O acidente, entretanto, não lhe deu nenhum desgosto pelo *folklore*. Comprou livros, leu todas as publicações a respeito, mas a decepção lhe veio ao fim de algumas semanas de estudo.

Quase todas as tradições e canções eram estrangeiras; o próprio "Tangolomango" o era também. Tornava-se, portanto, preciso arranjar alguma cousa própria, original, uma criação da nossa terra e dos nossos ares. (Barreto, 1956, v. II, p. 55)

Além de desmaiar, Quaresma acaba fazendo micagens com uma manifestação folclórica estrangeira, o que não queria. O personagem tem esse lado canhestro que beira o bufão. Comportamento desse tipo está espalhado pela obra de Lima Barreto, demonstrando o deslocamento dos personagens em relação à realidade brasileira.

No romance *Numa e a ninfa*, um famoso político, senador Neves Cogominho, é homenageado no jornal *Diário Mercantil* com uma matéria que exalta seu talento como caçador de onças. Porém, o narrador revela que tal reconhecimento se deve a um fato ocorrido nos "arredores de Petrópolis", em uma disputa festiva, tendo por finalidade caçar:

> Obedecidas todas as regras, coube a Neves Cogominho abater o javardo ou o que fosse; e, fincando as esporas, foi esperá-lo na trilha que as trombetas dos monteiros indicavam como sendo a passagem do animal enfurecido. Atirou, desmontou para dar-lhe o tiro da graça; e descobriu então que havia matado um bezerro complacente que uma máscara adrede transformara em onça. (Barreto, 1956, v. III, p. 119)

De javali (javardo) para bezerro a ironia ainda faz pouso em uma máscara proposital (adrede) de onça. É de simulacro que o autor nos fala, de farsa no sentido teatral.

No mesmo romance o ministro Xandu assim se expressa para o russo Bogóloff:

> O que nos falta é o frio. Ah! A sua Rússia! Eu, se quero ser sempre ativo, tomo todo o dia um banho de frio. Sabe

como? Tenho em casa uma câmara frigorífica, oito graus abaixo de zero, onde me meto todas as manhãs. Precisamos de atividade e só o frio nos pode dar. Penso em instalar grandes câmaras frigoríficas nas escolas, para dar atividade aos nossos rapazes. O frio é o elemento essencial às civilizações... (Barreto, 1956, v. III, p. 161)

O desejo brasileiro de ser europeu é vexatório. Nessa simples passagem, a crítica ao complexo de inferioridade nacional expõe ao ridículo a subentendida hierarquia racial, criticando-a ao mesmo tempo. Se o frio é essencial às civilizações, o continente africano, por situar-se nos trópicos, não seria civilizado; o Brasil também não.

O ridículo das situações, os comportamentos e ideias estapafúrdias projetam um mundo tosco, desencaixado, permeado por perspectivas mesquinhas e equivocadas, nas quais cabem até seres estranhos – como o homem de "dentes negros e cabelos azuis" (título de um dos contos do autor) que se magoa quando um assaltante apieda-se dele por sua forma física e devolve-lhe os pertences roubados. A obra de Lima Barreto flagra um Brasil alienado de si mesmo. O jogo entre realidade, vida pessoal e ficção obedece a esse propósito. É sua técnica para desvelar o sentido de uma sociedade dividida entre se mirar no espelho europeu ou criar o próprio espelho.

SOLIDÃO UNIVERSAL

Os diversos tipos de discriminação social induzem suas vítimas ao isolamento. Associa-se a esse processo o efeito traumático de uma situação vivida. Fatores dessa ordem geram instabilidade psíquica, cuja decorrência é o refúgio em si mesmo como autodefesa instintiva – o que pode redundar em uma dinâmica autodestrutiva. Além desse tipo de solidão provocada pelo convívio social opressivo, na obra de Lima Barreto encontra-se reiterada a solidão intelectual, necessária para a produção do conhecimento. Ambas se entrecruzam, uma vez que o saber é malvisto em um ambiente no qual o poder é conquistado por intermédio de violência, roubo e protecionismo, e o nível cultural das pessoas se mede pelo título de doutor.

Os personagens que mais se destacam nesse tópico são negro-mestiços, mulheres, sábios e pobres. Alguns situam-se em mais de uma caracterização. Na solidão étnica, dois se destacam: Isaías Caminha e Clara dos Anjos; a última e Ismênia, personagem de *Triste fim de Policarpo Quaresma*, espelham a solidão feminina. No tocante ao saber, Fernando, personagem do conto "Como o homem chegou", e Flamel, do conto "A nova Califórnia", são exemplos elucidativos.

O racismo gela e congela socialmente sua vítima. E o faz pelo isolamento. Repudiar, afastar, apartar, confinar, silenciar, desprezar, impedir, ridicularizar por meio da agressão física, verbal ou gestual são ações que constituem os elementos básicos da prática do racismo. Essa recusa exige uma resposta por parte do oprimido, pois se trata de uma negação de seu próprio ser. Existir, nesse caso, exige um movimento de expor-se para afirmar a própria existência. O recurso dos personagens discriminados de Lima Barreto está em exporem sua vida, fazerem dela uma dimensão discursiva, mesmo que balbuciada.

Pode parecer pouco, mas os aspectos mais eficientes da discriminação racial são o silenciamento e a ocultação de suas consequências. Com sua obra, Lima Barreto rompeu o silêncio. O personagem Isaías Caminha, preparando sua transferência para a cidade do Rio de Janeiro, está cheio de esperanças, sonhando superar as dificuldades de classe e raciais: "Ah! Seria doutor! Resgataria o pecado original do meu nascimento humilde, amaciaria o suplício premente, cruciante e onímodo de minha cor..." (Barreto, 1956, v. I, p. 53).

Notemos que, para o personagem, não se trata de um suplício qualquer, mas sim de um "premente, cruciante e onímodo". Convém destacar o significado deste último termo: "1. que envolve tudo, todas as maneiras, os modos de ser; de todos os modos 2. *p.ext.* que não se restringe; não tem limitações; ilimitado" (Houaiss, 2001, p. 2066). O "suplício da cor" é como o personagem chama o preconceito racial que o atinge e do qual já é consciente antes de chegar ao Rio. Mesmo assim, quando chega, o impacto logo o faz perceber em que lugar hostil se encontra. Humilhado, tratado de "mulatinho", levado à delegacia como suspeito de furto, sem valia a carta de apresentação que carrega, Isaías Caminha percebe que caiu na armadilha do isolamento. Daí a sensação que o envolve:

> Vinham-me então os terrores sombrios da falta de dinheiro, da falta absoluta. Voltava para o hotel taciturno, preocupado, cortado de angústias. Sentia-me só, só naquele grande e imenso formigueiro humano, só, sem parentes, sem amigos, sem conhecidos que uma desgraça pudesse fazer amigos. (Barreto, 1956, v. I, p. 80)

Isaías, colhido pelo acaso, consegue o trabalho de contínuo em um jornal. Cumpre as ordens e observa. Se não age é porque, assim como os demais personagens discriminados, está paralisado pela coerção da ação contrária. Ao registrar isso, dá um passo contido. Seu relato expõe a questão, pois a trajetória da passividade é resultado da presença das barreiras interpostas em seu caminho. Por isso, escreve:

> [...] não era eu propriamente que não podia fazer isto ou aquilo, mas eram todos os outros que não queriam, contra a vontade dos quais a minha era insuficiente e débil. A minha individualidade não reagia; portava-se em presença do querer dos outros como um corpo neutro; adormecera, encolhera-se timidamente acobardada. (Barreto, 1956, v. I, p. 213)

Isaías não sente que pode confiar seus dramas a outras pessoas. Não pode expressar-se por falta de recepção comunicativa, um dos fatores da solidão. Outras solidões na obra de Lima Barreto são caracterizadas pela falta de contato verdadeiro entre as pessoas. A vida se perde em relações superficiais. No caso das mulheres, as limitações são impostas pelos homens, confinando-as na vida doméstica; a solidão dá-se pela desilusão com o casamento. Clara, do romance *Clara dos Anjos*, assim como Ismênia, de *Triste fim de Policarpo Quaresma*, são jovens que acabam colhendo profundas decepções nesse sentido. A primeira, grávida e abandonada pelo namorado, percebe-se discriminada e se sente só:

[...] Fora preciso ser ofendida irremediavelmente nos seus melindres de solteira, ouvir os desaforos da mãe de seu algoz, para se convencer de que ela não era uma moça como as outras; era muito menos no conceito de todos. [...] O bonde vinha cheio. Olhou todos aqueles homens e mulheres... Não haveria um talvez entre toda aquela gente de ambos os sexos que não fosse indiferente à sua desgraça... Ora, uma mulatinha, filha de um carteiro! (Barreto, 1956, v. V, p. 196)

Clara fora avisada pelo padrinho de que o preconceito era uma realidade, mas a jovem tentou se enganar. A força ilusória do casamento atuou mais forte. Nele, a promessa de companhia, de segurança. Os valores atuantes do racismo, no entanto, destruíram sua fantasia, lançando-a na solidão desesperada. A prostituição a ameaçava como destino de sobrevivência. Assim termina o romance, enquanto ela aguarda o pai chegar para contar-lhe sua desdita e conhecer a reação dele.

Ismênia tem uma desesperança pior. Abandonada pelo noivo, ela entra em profunda depressão, deixa de falar e definha até a morte. Seu processo gradativo de frustração demonstra que a opressão dos outros é o empurrão para o fim. No carnaval, após constatar o rompimento amoroso, diante da humilhação que lhe impingem, reage internamente de maneira autodestrutiva:

Ela disfarçava bem a impressão da alegria deles que lhe parecia indecente e hostil; mas o escárnio da irmã que lhe dizia constantemente: "Brinca, Ismênia! Ele está longe, vai aproveitando" – metia-lhe raiva, a raiva terrível de gente fraca, que corrói interiormente, por não poder arrebentar de qualquer forma. (Barreto, 1956, v. II, p. 109)

Essa corrosão leva a personagem ao fim. Na citação, a expressão "por não poder arrebentar" elucida a limitação significativa. Se pudesse arrebentar, a raiva não implodiria. A desilusão, entretanto, não a poupou nem quando apelou para o sobrenatural. Em sua recordação amarga, o fato ressalta:

> De quem ela se lembrava com raiva era da cartomante. Iludindo sua mãe, acompanhada por uma criada, tinha conseguido consultar Mme. Sinhá. Com que indiferença ela lhe respondeu: não volta! Aquilo doeu-lhe... Que mulher má! [...] (Barreto, 1956, v. II, p. 258)

Consumida pela frustração de não se casar, Ismênia morre vestida de noiva, como a confirmar a sua solidão matrimonial, a sua "viuvez prematura".

A solidão surge como coroamento de relações que se dão em um mundo de aparências, onde o íntimo das pessoas está condicionado por comportamentos e valores de um bem-viver falso, de relações superficiais. Aqui, Lima Barreto vai além e alcança a solidão primitiva de cada ser humano, o caráter da individualidade que aumenta com o sistema capitalista, tornando o individualismo cada vez mais egoísta e, em contrapartida, nutriente do estar só.

Assim, na obra do escritor "o tema do insulamento constitui um veio profundo, embora discreto" (Lins, 1976, p. 40), e a solidão étnica não é mero detalhe. Clara dos Anjos, impulsionada pela vizinha, dona Margarida, vai à casa de Cassi e, perante a mãe do rapaz, expõe seu drama e diz querer que ele se case com ela. Fica confirmado, pelas palavras da genitora de seu sedutor, o racismo do qual Clara foi vítima:

> Dona Salustiana ficou lívida; a intervenção da mulatinha a exasperou. Olhou-a cheia de malvadez e indignação, demorando o olhar propositadamente. Por fim, expectorou:
> – Que é que você diz, sua negra? (Barreto, 1956, v. V, p. 194)

E, depois de chamar as filhas, a mulher, dirigindo-se a elas, prossegue: "Ora, vejam vocês, só! É possível? É possível admitir-se meu filho casado com esta…" Por fim, completa: "Casado com gente dessa laia… Qual!… Que diria meu avô, Lord Jones, que foi cônsul da Inglaterra em Santa Catarina – que diria ele, se visse tal vergonha? Qual!" (Barreto, 1956, v. V, p. 194).

Na fala de dona Salustiana, temos um exemplo típico de comportamento brasileiro: a ostentação da ascendência europeia como sinal de superioridade ante os demais. Ao citar a condição de "cônsul da Inglaterra em Santa Catarina", a personagem exibe sua superioridade de classe e de raça. Antes, tem uma reação física diante da ideia de ter Clara como nora; depois, a discrimina com o olhar, "cheia de malvadez". Em seguida, chama Clara de negra (nesse momento fica evidente o contraste do nome da protagonista), posicionando-se, assim, como branca. Por fim, destaca isso dizendo-se descendente de ingleses. Além disso, reforça seu discurso excludente, citando Santa Catarina, local de forte imigração de portugueses açorianos, alemães e italianos. Sua fala, portanto, está repleta de simbologia baseada na hierarquização das raças, com o objetivo de argumentar que Clara, por ser negra, não tinha o direito de reivindicar nada e que o abuso de Cassi é culpa exclusiva da jovem, fazendo parte da ordem normal das relações. A mãe isenta seu filho criminoso (responsável pelo assassinato do padrinho de Clara) com estas palavras: "Engraçado, essas sujeitas! Queixam-se de que abusaram delas... É sempre a mesma cantiga... Por acaso, meu filho as amarra, as amordaça, as ameaça com faca e revólver? Não. A culpa é delas, só delas..." (Barreto, 1956, v. V, p. 195).

Lima Barreto tem sutilezas que só percebe quem não se nega a ver a discriminação e seus meandros.

Clara é acompanhada até a casa da família de Cassi por dona Margarida, que o narrador descreve como sendo "alta, forte, carnuda, com uma grande cabeça de traços enérgicos, olhos azuis e cabelos castanhos tirando para louro" (Barreto, 1956, v. V, p. 190). O narrador descreve a avaliação que essa mesma senhora, de origem russa, fazia da família de Clara: "Gostava muito da família do carteiro; mas, no seu íntimo, julgava-os dóceis demais, como que passivos, mal-armados para a luta entre os maus e contra as insídias da vida" (*ibidem*).

Pois a mesma pessoa, diante da ofensa racista de dona Salustiana,

não dando tempo a que Clara repelisse o insulto, imediatamente, erguendo a voz, falou com energia sobranceira:

Clara tem razão. O que ela pede é justo; e fique a senhora sabendo que nós aqui estamos para pedir justiça e não para ouvir desaforos. (*Ibidem*, p. 194)

O detalhe é que a russa não responde à ofensa racial, que chama de "desaforo". Ela também está imbuída "no íntimo" de que a ofendida pertence a uma família de "passivos, mal-armados para a luta". O narrador coloca uma situação em que a tutela de Clara também faz parte da mesma raiz do complexo de superioridade racial de dona Salustiana. Ou seja, Clara está só, mergulhada em uma solidão étnica, ilhada, tendo brancos por todos os lados, prensada entre posições cujo escopo é o mesmo: hierarquia das raças.

Essa solidão poucos veem[21]. Para tanto, é necessário que se tenha vivido alguma experiência com ela. Por isso dona Margarida não desconstrói o discurso racista da outra, mas opta por desconversar esse aspecto do conflito. Esse tem sido, ao longo de todo o pós-Abolição, o comportamento típico do brasileiro: desconversar quando se trata de questão racial. É a defesa do silêncio. O silêncio é estratégico. Lima afrontou-o. E aqui está outro motivo de sua obra incomodar e gerar muita

---

21. "Ao contrário de todos os outros romances, *Clara dos Anjos* não é dominado pelo tema do insulamento" (Lins, 1976, p. 46). Certamente Osman Lins não conseguiu enxergar o insulamento do ponto de vista racial. Os cuidados dos pais de Clara refletiam a preocupação com o fato de ela ser mulher e jovem inexperiente. Contudo, também está subentendida a discriminação racial, pois sua mãe viveu agregada, com alusões textuais de que tenha sido gerada em uma relação entre patrão e criada, o que implica a repetição do que ocorria entre senhor e escravizada e, portanto, com o habitual desprezo e abandono posterior.

análise que releva outros aspectos de seu trabalho em detrimento do racial. O autor não fala apenas dos seus conflitos internos. Ele, como autor negro assumido, apresenta também o comportamento típico do branco em relação ao negro. Isso quebra o pacto forçado entre brancos, negros e mestiços, o pacto do silêncio.

Também aqueles que se voltam para as ciências e buscam o isolamento enfrentam a incompreensão geral. No caso dos contos "Como o homem chegou" e "A nova Califórnia", o antagonismo social tem como personagens aqueles que encarnam o falso saber, a fachada doutoral, o pedantismo. Fernando, a quem o narrador apresenta como "inofensivo":

> [...] era um ente pacato, lá dos confins de Manaus, que tinha a mania de Astronomia e abandonara, não de todo, mas quase totalmente, a terra pelo céu inacessível. Vivia com o pai velho nos arrabaldes da cidade e construíra na chácara de sua residência um pequeno observatório, onde montou lunetas que lhe davam pasto à inocente mania. Julgando insuficientes o olhar e as lentes, para chegar ao perfeito conhecimento da Aldebarã longínqua, atirou-se ao cálculo, à inteligência pura, à Matemática e a estudar com afinco e fúria de um doido ou de um gênio. (Barreto, 1956, v. V, p. 280)

Seu oponente

> [...] era o doutor Barrado, um catita do lugar, cheiroso e apurado no corte das calças. Possuía esse doutor a obses-

são das cousas extraordinárias, transcendentes, sem par, originais; e, como sabia Fernando simples e desdenhoso pelos mandões, supôs que ele, com esse procedimento, censurava Barrado por demais mesureiro com os magnatas. Começou, então, Barrado a dizer que Fernando não sabia Astronomia [...]. (*Ibidem*)

No caso do conto "A nova Califórnia", a oposição se dá entre Flamel, químico, e Pelino, gramático. Se por um lado a solidão de Raimundo Flamel causava a princípio curiosidade e receio do povo do lugarejo, este logo se enche de simpatia, por conta da intervenção do boticário Bastos:

> De tarde, se o viam a passear pela margem do Tubiacanga, sentando-se aqui e ali, olhando perdidamente as águas claras do riacho, cismando diante da penetrante melancolia do crepúsculo, todos se descobriam e não era raro que às "boas noites" acrescentassem um "doutor". E tocava muito o coração daquela gente a profunda simpatia com que ele tratava as crianças, a maneira pela qual as contemplava, parecendo apiedar-se de que elas tivessem nascido para sofrer e morrer. (Barreto, 1956, v. V, p. 224)

Essa receptividade contrasta com a do conto "Como o homem chegou". Ainda que a narrativa redunde em agressões de morte entre a população, por conta da descoberta do sábio (transformar ossos humanos em ouro), a solidão necessária para a produção intelectual se vê acolhida, ficando a reação contrária, no caso a de Pelino, anulada.

No romance *Triste fim de Policarpo Quaresma*, o protagonista, depois de ser internado em um manicômio, retira-se para o sítio Sossego, a fim de estudar, meditar e executar seu plano de agricultura. Sua presença causa mal-estar no segmento político da população local, que logo tenta envolvê-lo. O tenente Antonio Dutra, "escrivão da coletoria", aparece e tenta aliciar Quaresma, que resiste, o que terá de fazer também com outro político local que lhe bate à porta, o doutor Campos. Diante das negativas de Quaresma, passam a surgir as chacotas, as ameaças institucionais, as multas, em meio às dificuldades que Quaresma passa a ter com a praga das saúvas. Dá-se um encontro entre a pressão da natureza e a pressão social para perturbar a solidão de um homem que se pretende produtivo em prol da nação.

Na obra de Lima Barreto, a reação da sociedade ao isolamento intelectual se dá inicialmente pela maledicência – que, por sua fantasia, atribui aos solitários "parte com o tinhoso" (Flamel), "fama de louco" (Fernando) ou de "malandro" (Quaresma). A expressão "estultice congênita", que o narrador atribui à incompreensão a respeito do povo que discrimina o astrônomo Fernando, ressalta uma crítica barreteana à ignorância crônica, aquela em que o indivíduo se vangloria como o general Albernaz, conhecido de Quaresma, ao dizer ter desistido de ler livros[22].

---

22. Ao dirigir-se a Ricardo Coração dos Outros, referindo-se ao surto de Policarpo, o general Albernaz argumenta: "Aquele Quaresma podia estar bem, mas foi meter-se com livros... É isto! Eu, há bem quarenta anos, que não pego em livro..." (Barreto, 1956, v. II, p. 144).

A solidão a que se é forçado por conta dos preconceitos e a que se busca para o trabalho de reflexão, em Lima Barreto, ainda que apresentem objetivos diferenciados, refletem uma ação social perversa que enclausura e persegue pessoas em um processo de trituração social cujas consequências são a loucura e a morte.

Assim, explorando os vários tipos de solidão, Lima Barreto consegue denunciá-la para além de um traço de personalidade doentia, como uma ação social exercida sobre indivíduos fora do padrão aceitável. Dessa forma, as pessoas não seriam solitárias por natureza, mas "solitarizadas" pela exclusão social. Nesse ponto, a dimensão da solidão atinge a universalidade.

Quanto ao autor,

> A sua é a solidão da percepção intensa e do ato de exprimir. Ele fala aos outros homens. Devido, porém, à própria decisão com que mergulha no âmago das coisas, instaura-se entre ele e os demais uma espécie de nuvem que desfigura a mensagem. (Lins, 1976, p. 28)

INGENUIDADE SEM PERDÃO

Quando Lima Barreto concebeu a inocência no foco da crítica – ou, como ele próprio denominou, o bovarismo (processo de se imaginar longe da realidade, de fazer ideias fantasiosas de si mesmo ou do país) –, o fez buscando não apenas criticar os poderosos que se descolam da realidade, mas também proceder a uma crítica à própria alienação das pessoas comuns, sem projeção social. Esse traço, sintoma da sociedade da época e da atual, é sustentado pela individualidade em todas as classes. Os personagens buscam realizar seus desejos pela via do oportunismo, pretendem atingir seus objetivos pelo caminho do menor esforço. O texto os surpreende na ação da má-fé e flagra-os no passo dado em falso. A inocência, podemos dizer, não é inocente, mas interesseira, ou seja, não se desenvolve sem objetivo. Os meios empregados para atingir suas metas é que não se colocam adequados, pois são concebidos por uma mentalidade fantasiosa que não prevê dificuldades. Os personagens olham um mundo edulcorado, sem antagonismos. São pretensiosos na busca do menor esforço, mas sua consciência luta contra a alienação. Vejamos a seguir os dois casos de maior realce.

Clara dos Anjos

A descrição da protagonista é implacável, pois o narrador chega mesmo a caricaturá-la, colocando o leitor diante de alguém que está indo para a forca e, no entanto, nada pode fazer para ajudar a si própria. Subjacente a esse comportamento está a consciência trágica, pois o herói trágico conhece sua sina. No caso de Clara, não. Ou melhor, ela interiormente reage à verdade, mantendo uma falsa consciência da situação que experimenta.

O complexo de inferioridade de Clara é mostrado como submissão pretensiosa, mas sua aparência é a ingenuidade. O texto abre os baús secretos da jovem, demonstrando que a busca de um marido branco traz em si uma autorrejeição e uma carência de identidade histórica. O preço que pagará é, depois de ceder à sedução de Cassi Jones, entregando-se a ele, ficar grávida e ser desprezada por ele. Dessa situação – comum nos relacionamentos inter-raciais que remontam à concepção escravista do dono de escravizados que os seviciava ao seu bel-prazer e sem nenhum compromisso com as consequências – não deixa de ter relevo no texto de Lima a ressonância na vida de Clara. O sofrimento e as decepções da personagem serão demonstrados porque o narrador coloca-se no foco da vítima, inclusive apresentando a reação de outra vítima anterior, cujo fim foi o meretrício[23]. No caso de Clara, ao cair em si, rasga-se o véu da ilusão; ela é alguém que sofre, que tem um discurso de lamento, uma dor de viver para lidar.

Se a ingenuidade interessada encontra seu antagonismo no defloramento e na gravidez indesejada, outra, esta desinteressada, a de Marramaque, padrinho de Clara, também depara com a tragédia. Ele é assassinado. A "marra" (valentia) sugerida por seu nome é só de fachada; ele não tem malícia nem poder de se contrapor na luta corporal, não consegue se defender.

A história de Clara estampa o destino traçado pelos homens brancos para as mulheres negras, ao longo da história das relações raciais, e para aqueles que não têm noção de até que ponto a violência está contida naquelas relações. Na época (a história foi iniciada em 1904 e reescrita em 1921), a questão da impunidade dos poderosos, mesmo do subúrbio, está pre-

---

23. Encontrando Cassi Jones na rua, a mulher ameaça-o com injúrias e impropérios, acusando-o pela sua desgraça. E acrescenta: "Você sabe onde 'tá teu 'fio'? 'Tá na detenção, fique você sabendo. 'Si' meteu com ladrão, é 'pivete' e foi 'pra chacra'. Eis aí o que você fez, 'seu marvado', 'home mardiçoado'. Pior do que você só aquela galinha-d'angola de 'tua' mãe, 'seu' sem-vergonha!" (Barreto, 1956, v. V, p. 173).

sente nas reflexões do autor. A obra chama a atenção para o prolongamento da escravidão por meio das ações sociais dos brancos contra os negros e negro-mestiços. Clara engana-se, movida pelas emoções arrebatadoras da primeira paixão. Sabe da representação social da mulher negra, mas, romântica, idealiza seu envolvimento, imaginando reciprocidade por parte do conquistador, cuja habilidade sedutora não deixa a menor chance a ela.

Policarpo Quaresma

Esse personagem assemelha-se a Marramaque, pela ingenuidade. Assim como o padrinho de Clara, Policarpo também é assassinado, mas por meio de fuzilamento. Novamente se repete a impunidade, agora do Estado ou daqueles que dele se apropriam. A obra, além de tantas outras propostas, apresenta o desmentido de que o povo brasileiro é cordial. A violência é disfarçada em manutenção da ordem, com a punição aos revoltosos.

Quanto à ingenuidade de Policarpo, ela também surge como um meio de angariar a glória de reformador dos costumes e de mudança social. Só que o personagem o faz com simplicidade, imaginando bastar boa vontade e empenho pessoal. Dom Quixote, personagem de Miguel de Cervantes, certamente foi a inspiração para Policarpo Quaresma. O bovarismo deste se dá por conta de seu esforço de recusar a complexidade do real, o que o leva a imaginar reformas sociais por obra de apenas um indivíduo e por vias meramente burocráticas. Mesmo com as demonstrações que vai tendo em suas investidas, não se conscientiza da realidade complexa que o envolve. Mantém a visão simplista em relação ao seu entorno até deparar com a violência de modo irremediável.

Policarpo Quaresma é a ingenuidade perante a crueldade do poder, bem como a hipocrisia deste. Para Lima Barreto, a ingenuidade só reforça as instâncias de poder e de opressão, representando um comportamento alienado. E foi isso que ele denunciou em suas obras.

3. Atualidade temática

Os temas abordados pela obra de Lima Barreto são inúmeros. Atento ao noticiário local e a informações sobre os acontecimentos mundiais, ele foi um escritor prolífico. Muitos dos assuntos abordados por ele estavam vinculados a situações datadas, fatos pontuais; outros se projetaram no futuro porque eram intrínsecos à própria sociedade brasileira e até mesmo à de outros países.

Neste capítulo, foram selecionados apenas dois temas, por sua perenidade e por suas consequências para a vida do país. Eles servem para comprovar que a presença do autor se justifica no cânone nacional como consciência crítica das mais relevantes. Ambos os temas envolvem diretamente milhões de pessoas. Um pela via do ufanismo, o outro pela do silenciamento; um afirmando e o outro negando a identidade nacional. Entre os dois, as contradições estruturais da sociedade expõem suas trincas e desafios.

FUTEBOL

As dimensões econômicas e psicossociais que o futebol alcançou deram-lhe *status* de evento indiscutível. O noticiário atual prestigia tanto esse esporte que a sua consagração veda qualquer possibilidade de discutirmos suas bases e sua importância para a evolução positiva da sociedade. Eventos internacionais de grande magnitude, como a Copa do Mundo, validam-no como o principal do planeta. Reflexo do controle social, o futebol canaliza o excesso de energia vital que o trabalho não dá conta de exaurir e o comércio soube arrebanhar. Nesse sentido, as reflexões de Lima Barreto podem, a princípio, parecer de pouco valor para a ordem instituída pelo tempo. Entretanto, se considerarmos que duvidar do estabelecido pode ser uma forma saudável de almejar o novo e pôr em xeque a cristalização de valores, torna-se importante assuntar o que o autor nos legou.

Em vários trechos de sua obra, Lima Barreto registrou e justificou sua aversão ao futebol. Para os amantes da bola, tanto os argumentos que apontam o físico do escritor quanto suas idiossincrasias podem constituir razão suficiente, pelo viés costumeiro da patologização do autor, para explicar suas críticas. Contudo, é fato que suas reflexões vão além. A covardia intelectual diante do que é popular não afetou Lima Barreto como ainda é comum no país. "O Brasil é o país do futebol" é um *slogan* que camufla muitos problemas que no próprio esporte gritam soluções.

Lima Barreto, na verdade, não achava que se devesse dar tanta importância a um mero esporte em detrimento de outros aspectos mais importantes da vida social. Sua indignação tem por base o uso que se fez e se faz do futebol para desvirtuar a atenção da população dos problemas mais prementes da vida em sociedade. Entretanto, o autor calculou mal a importância do esporte, que se tornaria "paixão nacional" e mundialmente carrearia amplos recursos para os campeonatos. Não previu, também, que aos craques fossem atribuídos valores milionários de venda e revenda, como se fossem escravos cujo valor nem de longe se compara aos dos maltrapilhos escravizados e ao angu das senzalas brasileiras. Apesar de ser vendidos e/ou trocados, os craques tornaram-se verdadeiros senhores de fortunas conquistadas em tempo recorde. Os craques! A grande maioria dos que investem na carreira ficam a ver navios no cais da frustração.

A crônica "O Haroldo", de 1920, narra a história do filho de um rico comerciante dinamarquês cujas tentativas profissionais na área do Direito são frustradas, apesar de ter tido a formatura festejada com pompas. O pai, então, resolve enviá-lo para estudar eletricidade nos Estados Unidos, o que o rapaz não realiza, esbanjando seu tempo nas baladas da época. Retornando ao Brasil, sem profissão, "pensou muito e lembrou-se que, em New York, tinha demonstrado certa habilidade para o jogo de *football*. Fez-se apóstolo desse jogo de pontapés e, graças à sua fortuna, em breve, era uma celebridade nele" (Barreto, 2004, v. II, p. 230-1).

Percebe-se que o cronista não se refere à fortuna conquistada por intermédio do futebol, mas àquela preexistente que atua como facilitadora da conquista da fama naquele esporte. E o texto objetiva desqualificar o esporte, colocando-o como ocupação daqueles que não têm talento para atividades profissionais valorizadas na época, em particular as que exigiam estudo.

Outro aspecto ressaltado sobre o futebol é a violência. Comentando o trecho de um artigo de jornal que relata brigas entre equipes e torcidas, Lima Barreto assinala que tais conflitos generalizavam-se, ocorrendo em várias partes do Rio e em Niterói. E, pelo teor agressivo dos jogos, chega a ponderar, na crônica "Divertimento":

> Não quero que se acabe com semelhante jogo; como não quero que se acabe com a capoeiragem. Lastimo até o desaparecimento dos Nagoas e Santa-Ritas[24]. É preciso, porém, dar os nomes aos bois. Essa coisa não é divertimento, não é esporte. Pode ser tudo, menos isto. (Barreto, 2004, v. II, p. 230-1)

Considera o autor que, pelo índice de violência envolvido no futebol, dever-se-ia incluir nele assistência médica como no futebol americano, além de armaduras. Na realidade, a crítica jocosa era um alerta para que se moderassem as agressões no esporte, cujo ápice em sua crônica encontra-se naquela de título "Uma conferência esportiva" (Barreto, 2004, v. II, p. 273-7),

---

24. Maltas de capoeiristas do século XIX, no Rio de Janeiro. As maltas se confrontavam nos espaços públicos da cidade, além de servir a partidos políticos com o objetivo de intimidar e agredir os adversários dos que lhes contratavam o serviço. O Decreto n. 847, de 1890, intitulado "Dos vadios e capoeiras", determinou a proibição da prática da capoeira na ruas, com prisão prevista de dois a seis meses, com a agravante de pertencer a "alguma banda ou malta".

que se refere a agressões com armas brancas e arma de fogo, ferimentos graves e mortes. Inspirado no filósofo britânico Herbert Spencer, Lima Barreto demonstra que suas preocupações com o futebol em particular, e com o esporte em geral, prendem-se a uma reflexão sobre a humanidade. Na crônica "Educação física", o autor dá a dimensão de seu desvelo:

> [...] O que o esporte empresta à alma humana é o amor à luta, ao batalhar, mas nunca a qualidades intelectuais que são precisas a um general, já não direi grande, mas razoável.
>
> O mal do esporte está mesmo nisto, como mostrou Spencer; e é por isso que eu o combato, de todos os modos e feitios. Não posso admitir nem conceber que o fim da civilização seja a guerra. Se assim fosse, ela não teria significação. O fim da civilização é a paz, a concórdia, a harmonia entre os homens; e é para isso que os grandes corações de sábios, de santos, de artistas têm trabalhado. (Barreto, 2004, v. II, p. 342-3)

É compreensível que frases categóricas como essas possam irritar os amantes do futebol – sobretudo atualmente, depois de tantas copas do mundo terem movimentado bilhões de dólares e de tantas empresas terem elevado às alturas seu faturamento. Ainda que os benefícios (construção de estádios e hotéis, melhoria nos transportes públicos, estradas e vias urbanas etc.) dos torneios esportivos nessa área tenham trazido progresso social, é preciso refletir sobre o que tal atividade alimenta.

"O *football* é uma escola de violência e brutalidade e não merece nenhuma proteção dos poderes públicos, a menos que estes nos queiram ensinar o assassinato" (Barreto, 2004, v. II, p. 526).

Se pensarmos nas mortes e nos ferimentos provocados no futebol mundial, por conta de brigas entre torcidas organizadas, bem como nos ferimentos e até nos óbitos provocados pela própria prática em campo, contando as várias categorias esportivas, certamente a frase acima, do curto texto intitulado "Não queria, mas...", de 3 de junho de 1922, não nos parecerá tão absurda. Em especial no que se refere à verba pública, o que está implícito naquelas linhas, e principalmente na crônica "O nosso esporte", também de 1922, é o montante de recursos destinado ao esporte em detrimento de outras atividades, como a artística e literária, bem como aquelas relativas ao bem-estar do cidadão ("Uma alimentação sadia, uma habitação higiênica, um bom clima..."). Além disso, o autor critica a isenção de impostos para o futebol, enquanto "sobrecarregam os outros divertimentos de ônus asfixiantes" (Barreto, 2004, v. II, p. 551-2). A gestão do dinheiro público foi uma das grandes vertentes da crítica barreteana. O futebol também estava nessa mira, além de outras práticas, como a corrupção dos clubes que "compram vitórias a peso de ouro" (*ibidem*, p. 552).

Os jornais da época, como os atuais, noticiavam as brigas. O autor de *Feiras e mafuás* até faz comparação entre os torcedores e os apostadores de brigas de galo, considerando melhores estes últimos, pois, "entre eles, não há questões, nem rolos. As apostas correm em paz e a polícia não tem que fazer com elas; entretanto, os tais *footballers* todos os domingos fazem rolos e barulhos e a polícia passa-lhes a mão pela cabeça" (Barreto, 2004, v. II, p. 531).

A atribuição de inimizades literárias – ou da suposta frustração de Lima Barreto por não ter físico atlético – para explicar as críticas do autor é simplista[25]. A visão biográfica, como já foi assinalado, reduz em muito o verdadeiro alcance dos textos barreteanos. Temos, sim, um escritor que se mostrou zeloso para com o destino da humanidade, mas soube detectar na realidade em que vivia os entraves para o grande ideal que sobrepujava seus textos.

Entre esses entraves, além da violência das brigas, o do racismo no futebol também é detectado e criticado por Lima Barreto. No texto "Bendito *football*", ele analisa um breve comentário do jornal *Correio da Manhã* de 17 de setembro de 1921, que se referia à segregação de jogadores negros para um torneio de futebol na Argentina, perpetrada pela Igreja Católica (representada pelo "Sacro Colégio de *Football*") e pelo presidente da República, Epitácio Pessoa, que teria dado parecer contrário à ida dos esportistas[26]. Além de citar que tal afronta agredia "uma fração muito importante, quase a metade, da população brasileira", o escritor argumenta que se esse segmento não tinha tal direito de participação deveria ser isentado dos

---

25. Mesmo depois de apresentar dez doenças que acometeram o autor, Joel Rufino conclui: "Convincentes ou não, suas razões contra o futebol pouquíssimo tinham, como se vê, de remoque pessoal" (Rufino, 1983, p. 41).

26. Não foi a primeira intervenção da presidência da República nesse sentido. Em 1900, "ao retribuir a visita do presidente Roca, o presidente Campos Sales recomendaria que na tripulação do vaso de guerra que o levou à Argentina não fossem marinheiros negros" (Barbosa, 1983, p. 21).

impostos, pois "uma grande parte deles é paga pela gente de cor". E, depois de denunciar a participação de uma "comissão de antropólogos" em tal conchavo racista, propõe, ironicamente, que se tirasse a verba destinada ao combate a doenças que atingiam a população negra, principalmente a malária, pois, ela se extinguindo, "o *football* ficava mais rico e mais branco". Desvenda, assim, o objetivo básico do racismo: o genocídio. E argumenta:

> O governo, procedendo assim, seria lógico consigo mesmo. Ilógico é querer conservar essa gente tão indecente e vexatória, dando-lhes médico e botica, para depois humilhá-la, como agora, em hora do *football* regenerador da raça brasileira, a começar pelos pés. (Barreto, 2004, v. II, p. 434)

O autor termina sua crônica com o seguinte sarcasmo: "P.S.: A nossa vingança é que os argentinos não distinguem, em nós, as cores; todos nós, para eles, somos *macaquitos*[27]" (Barreto, 2004, v. II, p. 434).

Ao salientar a questão dos impostos, a referida crônica aborda, ainda que pouco demonstrado, a destinação da verba governamental que, na época, era desviada também para o futebol, além do bolso dos corruptos que faziam escola na administração pública. Na crônica "Na avenida", ao relatar uma diálogo, demonstra que um "sabichão no *football*" "tem ido à Europa

---

27. A essa ofensa dos argentinos Lima responde, no livro *Coisas do reino do Jambon*, com uma crônica bem-humorada intitulada "Macaquitos", em que ressalta as qualidades do macaco no reino animal (Barreto, 2004, v. II, p. 224).

várias vezes, à custa do governo" (Barreto, 2004, v. II, p. 519). O debate nacional, que adentrou o século XXI, sobre a necessidade da distinção entre o que é público e o que é privado teve em Lima Barreto um antecessor cuidadoso.

Além disso, o escritor ainda é atual também por questionar, já naquela época, a disparidade salarial entre os craques da bola e os profissionais de outras áreas – o que na atualidade poucos têm coragem de fazer. O texto "Herói" apresenta um jovem sem talento para outra coisa que não o futebol. Depois de alguns anos, seu pai diz, em diálogo com um amigo: "Vai receber cinquenta contos; é um herói nacional". E acrescenta: "Venceu o Campeonato Sul-Americano de *Football*, com o *team* nacional. E dizer que ele não dava pra nada!" (Barreto, 2004, v. II, p. 577).

As proporções que o futebol atingiu no mundo até a primeira década do século XXI talvez tornem obsoletas as observações de Lima Barreto, mas apenas por uma recusa impensada de encará-las. Se levarmos em conta o bom-senso, elas continuam a nos desafiar a encarar os caminhos escolhidos não apenas pelo Brasil, mas pelo restante do mundo, no que se refere à atividade esportiva comparada à negligência em outros aspectos da vida em sociedade. Ainda que haja resistência àquelas ideias, elas encaram o futebol pela lógica do *panem et circenses*[28].

---

28. "Pão e circo". Tais palavras de menosprezo teriam sido endereçadas por Juvenal, poeta latino que viveu entre o I e o II séculos, nas suas *Sátiras* (X, 81) aos romanos, que só se interessavam pela distribuição gratuita de pães e pela apresentação de espetáculos violentos.

Mas não foi apenas o futebol a receber crítica de Lima Barreto. Também o boxe era para o autor "inumano e feroz". Na crônica "Novos ministérios", ele sugere ironicamente que, nos moldes da Sociedade Protetora dos Animais, destinada a proibir touradas, brigas de galo e tiro aos pombos, fosse criada a "Sociedade Protetora dos Homens" para extinguir aquele esporte (Barreto, 2004, v. II, p. 570).

Uma partida de futebol dura 90 minutos, divididos em dois períodos. Se esse tempo que a humanidade dedica ao esporte fosse revertido para atividades mais construtivas, que tornassem o ser humano mais cuidadoso com seu semelhante, certamente estaria contemplando o que sonhou Lima Barreto e ainda sonham outros tantos. Mas, pelo caminho que o mundo passou a trilhar, eles não passam de sonhadores quixotescos que, apesar de apresentar argumentos importantes e consequentes, não conseguem convencer quase ninguém.

RACISMO

A pressão social do racismo leva suas vítimas a imaginar que a causa das pressões que recebem reside nelas mesmas e não naqueles que as oprimem. Quando chegam a crer nisso, passam a se punir com a própria destruição, em geral lenta e sofrida – como é o caso das doenças (hipertensão, por exemplo), do uso de drogas (lícitas e ilícitas) ou do descuido consigo em outros aspectos correlacionados.

Alguns níveis de pressão são excessivos e não deixam saída para o indivíduo a não ser almejar morrer, como faziam muitos escravizados no tempo em que o horizonte era cravejado de arame farpado e ferro em brasa. Porém, é possível encontrar uma saída alternativa. No caso de resistir às pressões racistas, basta que nos lembremos da vida de Nelson Mandela. O impossível é também um limite imposto pelo poder que oprime, mas o oprimido pode alterá-lo. A verdadeira evolução humana vem daí. No romance *Zenzele: uma carta para minha filha*, da escritora zimbabuense J. Nozipo Maraire, há uma passagem que ilustra essa questão:

> O racismo não é uma coisa pessoal. Se você começar a duvidar de si mesma, a batalha está perdida. Ele não tem nada a ver com sua voz, sua aparência, seu charme, sua inteligência, sua atitude nem, seguramente, com suas realizações. Só focaliza uma coisa, uma única variável, que exclui todas as outras: sua cor. Questionar a si mesma por que alguém a tratou como cidadã de segunda classe é como julgar sua autoimagem a partir do reflexo que a gente vê naqueles espelhos de parque de diversão que esticam inteiramente o rosto da gente e juntam o torso ao dedão do pé. Essas pessoas têm o mesmo tipo de imagem distorcida sobre quem e o que você é. (Maraire, 1997, p. 108)

Quando o personagem-narrador do romance *Recordações do escrivão Isaías Caminha* refere-se aos outros, demonstra a sua intimidação e não pronuncia a palavra "brancos". Há aí o tabu! O racismo brasileiro impede sua vítima de dar cor a seu algoz. Entretanto, outros narradores de Lima Barreto nem sempre tiveram o mesmo cuidado que o contínuo Isaías demonstrou, intimidado que foi pela linguagem. A hipocrisia racista no Brasil, sendo muito refinada, dificilmente se expõe. Lima puxa-lhe o véu ao construir seus personagens como vítimas humanizadas do racismo.

Conhecer a teoria racista, vê-la incorporada no cotidiano de sua época, sentir, por experiência própria, a violência daquela prática e ser capaz de detectá-la literariamente foi o grande legado de Lima Barreto. E, pelas ideias que registrou, o fez de forma programática, apregoando que "devemos mostrar nas nossas obras que um negro, um índio, um português ou um italiano se podem entender e se podem amar, no interesse comum de todos nós" (Barreto, 1956, v. XIII, p. 73).

A sutil inversão da sequência costumeira, "um negro, um índio, um português ou um italiano" funcionava também como um índice de atenção do morador da Vila Quilombo, como chamava a sua residência, para a necessidade de relativizar o mapa populacional do Brasil conforme a realidade.

Quando Lima Barreto abraça as teses de solidariedade humana, solapa o racismo em sua base irracional primitiva, que é considerar apenas os brancos dotados de humanidade.

Osman Lins (1976, p. 28), procurando compreender o fato de críticos diversos sentirem-se incomodados e "feridos pela constância com que surgem, nos romances de Lima Barreto, problemas relacionados com a intolerância racial entre nós e temas onde se reflete a sua experiência, isto sem mencionar o fato de que ideias suas sejam tantas vezes expressas nos diálogos", não deixou de concluir que "Lima Barreto, apesar de invadir, com a própria presença, muitas de suas páginas, é um homem voltado para fora" (*ibidem*).

Interessante notar que a questão racial, quando ficcionalizada, fere. Daí que muitos estudiosos, ao abordar a obra de Lima Barreto, o fazem com tendência a desqualificá-la, apresentando insuficiências estruturais, quando a razão principal é o desconforto com o posicionamento crítico do autor no debate racial. Pouco se ficcionalizou a questão racial no Brasil. O racismo brasileiro é tão sério que constitui até hoje, para pessoas de todas as camadas sociais, independentemente da cor da pele e do grau de instrução, um tabu[29]. Assim, sem reflexão, a prática do racismo torna-se eficiente, pois as pessoas se negam a falar sobre ele, ou seja, tornam-se coniventes. Por isso, ao expor o problema, Lima Barreto, mesmo diante de fortes resistências no plano da recepção literária, cria uma obra que, embora não intimista, trata de problemas humanos na área racial e em tantas outras por meio de personagens cujas fraquezas, baixezas e grandezas da alma são mostradas como dados do cotidiano.

O verbo "humilhar", tão essencial às práticas discriminatórias, além de transitivo direto (alguém humilha alguém), é reflexivo (alguém se humilha perante alguém). Na prática de dominar o outro, a consequência maior é fazê-lo acreditar, por meio da intimidação, que, pelo seu desvalor, ele não pode pretender se ombrear com quem o oprime. Quando a personagem Clara dos Anjos, ao final do romance de mesmo nome, diz à mãe que elas não são nada nesta vida, está se re-

---

29. "A exclusão, entre nós, é uma estrutura profunda de ordem psíquica, cognitiva, ontológica e não meramente socioeconômica. Originária do sistema de exploração escravocrata, logo permaneceu enquistada na ideologia e reproduzida pela cultura do povo brasileiro" (Segato, 2005-2006, p. 81).

ferindo ao seu pouco valor no meio em que vivem. Só que tal observação transcende a individualidade das personagens e aponta para o coletivo do qual elas fazem parte: o racialmente discriminado.

Genoveva, a "humilde preta" cozinheira do conto "O número da sepultura", quando a patroa a elege para ir fazer o jogo do bicho, responde: "Não posso ir, nhanhã. Eles me embrulham e, se a senhora ganhar, a mim eles não pagam. É preciso pessoa de mais respeito" (Barreto, 1956, v. IV, p. 195). A consciência de como é tratada por "eles" é pronunciada imediatamente. Mulher, negra e cozinheira são atributos que para o racismo justificam socialmente a agressão representada pelo não cumprimento do acordo previsto no jogo do bicho ("Eles me embrulham [...] e não pagam"). A prática do racismo desde os tempos da escravidão pressupõe o não cumprimento de acordos, não reconhecer no outro o direito. Assim é que muitas economias feitas por escravizados para pagar a alforria foram surrupiadas por seus proprietários, que os "embrulhavam". A prática do trabalho "livre" nas fazendas se configurava da mesma forma. No final do mês, o empregado, além de não receber o salário, ficava devendo ao armazém. O trabalho escravizado que, ainda no século XXI, é descoberto em alguns lugares tem por base esse desrespeito ao acordo do contrato.

A consciência racial, na fase incipiente, constitui o reconhecimento da opressão. Depois, transforma-se em prática antirracista ou, na maioria das vezes, permanece no nível das esporádicas explosões, como no romance *Numa e a ninfa*: "Deixe-me! Deixe-me! Vocês não sabem o que é ser mulato! Ora, bolas!" (Barreto, 1956, v. III, p. 90), grita Lucrécio Barba de

Bode para a mulher que tenta impedi-lo de ir tirar satisfações com o comerciante que se nega a vender arroz à sua família por falta de pagamento de compras anteriores.

Se no romance *Recordações do escrivão Isaías Caminha* o ponto de vista é da primeira pessoa e, em *Triste fim de Policarpo Quaresma*, da terceira, o narrador não deixa de, nas falas curtas dos personagens negros, iluminar o texto mostrando o tamanho do aleijão racista.

No final do século XIX e começo do século XX, fervilhava na mente dos intelectuais brasileiros o desejo de um Brasil de população branca para garantir uma suposta superioridade racial que as teorias pretensamente científicas atribuíam aos europeus. Segundo Andreas Hofbauer, as primeiras propostas nesse sentido, entretanto, foram escritas antes da Independência. No ano de 1821, em Portugal, são publicados o *Ensaio sobre melhoramentos de Portugal e do Brazil*, de Francisco Soares Franco, e *Addição ao projeto para estabelecimento político do reino-unido de Portugal, Brasil e Algarves*, de António d'Oliva de Sousa Siqueira, cujas propostas são bem explícitas no sentido do embranquecimento do Brasil. O primeiro concebia que, por meio de casamentos inter-raciais incentivados pelo Estado[30],

> no espaço de duas gerações consecutivas toda a geração mestiça estará, para me explicar assim, baldeada na raça branca. E deste modo teremos outra grande origem de aumento da população dos brancos, e quase extinção dos pretos e mestiços desta parte do Mundo; pelo menos serão tão

---

30. A ortografia desse texto e do seguinte foi atualizada para o padrão atual.

poucos que não entrarão em conta alguma nas considerações do Legislador. (Franco, *apud* Hofbauer, 2006, p. 185).

O segundo autor – António Siqueira – foi mais incisivo na linha de pensamento para branquear o Brasil:

> Como o Brasil deve ser povoado da raça branca, não se concedam benefícios de qualidade alguma aos pretos que queiram vir habitar no país depois de abolida a escravatura, esta faculdade é só concedida aos que já foram escravos. E, como havendo mistura da raça preta com a branca, a segunda ou terceira geração ficam brancas, terá o Brasil em menos de 100 anos todos os seus habitantes da raça branca. (Siqueira, *apud* Hofbauer, 2006, p. 187)

A Independência do Brasil foi alimentada ideologicamente por elaborações intelectuais desse tipo. Referindo-se aos dois autores citados, Hofbauer (2006, p. 187-8) alerta:

> Quero chamar a atenção para o fato de que esses planos foram publicados quase um século antes de J. B. de Lacerda[31] – frequentemente tido como o primeiro articu-

---

31. João Baptista de Lacerda (1846-1915) foi médico e cientista no Rio de Janeiro. Nomeado diretor do Museu Nacional em 1895 pelo presidente da República, Prudente de Morais, naquele órgão realizou seus estudos de antropologia. Racista convicto, atribuía os males do atraso da sociedade brasileira aos negros e previa o desaparecimento desse segmento social, bem como dos índios, em um período de 100 anos, assim como "para breve" (estava em 1911) dos mestiços. Com essas ideias foi representar o Brasil no Congresso Universal das Raças (Londres, 1911). A ideia de embranquecimento foi →

lador de um projeto político de branqueamento no Brasil – fazer o famoso pronunciamento no Congresso Universal das Raças em Londres (1911). Na sua exposição, o representante oficial do Brasil usaria conceitos e argumentos quase idênticos para prognosticar o desaparecimento da raça negra, igualmente, num prazo de um século.

No quadro de tal mentalidade que ocupava o Estado brasileiro, um escritor jamais poderia ser negro ou negrodescendente, como era o caso de Lima Barreto. Se o fosse, algo estaria errado, fora da expectativa reinante, especialmente se ele rompesse com o silêncio tácito sobre o assunto, ousando discordar das opiniões racistas então reinantes. Era preciso, então, buscar tal "erro" naquele indivíduo considerado uma exceção. Sua vida deveria ser vasculhada para fornecer dados que levassem ao menosprezo à sua ousadia de ser escritor e crítico do racismo.

A rejeição racista agiu com Lima Barreto da mesma forma que com Cruz e Sousa: transformou a ele e a sua obra em anomalias, tentando abortar-lhe a importância para a cultura brasileira. Porém, os poucos estudiosos que se diferenciavam daquela visão acabaram vencendo o menosprezo expresso quase sempre pela crítica desqualificadora ou pelo silêncio. Com a chegada de sucessivas gerações de críticos – cujo aporte de novas teorias no campo dos estudos literários, da sociologia e

→ popularizada pela produção cultural brasileira a tal ponto que, como reflexo do complexo de inferioridade produzido entre negros e mestiços, a expressão "clarear a raça" e outras semelhantes são usadas com certa frequência.

LIMA BARRETO

da psicanálise –, a obra de Lima Barreto passou a ser mais valorizada pelo que revelou de seu tempo e, sobretudo, revela da atualidade. Entretanto, caso o autor não tivesse deixado sua vida íntima anotada em um diário, ainda assim, pelos dados de seus contemporâneos, sua história pessoal seria construída para desabonar o valor de sua obra. Para um racista, os descendentes de escravizados deveriam continuar sendo, em termos menos ostensivos, escravizados. Na realidade, trata-se de uma expectativa, de um desejo e de uma prática: a discriminação. Caso a suposta inferioridade dos africanos e de sua descendência não fosse confirmada, como ficaria a noção de superioridade dos brancos?

Por outro lado, Lima Barreto foi achincalhado pelo silêncio que despreza e teve seus livros desvalorizados, sobretudo por seu conteúdo de crítica às pretensões racistas e às ilusões sociais diversas, como o sistema republicano de governo – então recém-instalado com um rol de políticos corruptos, herança também da monarquia.

A recepção literária, tanto dos críticos quanto do público, também veiculava rancor e revanchismo, respectivamente sentimento e atitude na prática da discriminação racial a Lima Barreto. Ainda hoje, se faz presente a dificuldade de vários setores da população branca de conceber um Brasil sem preconceito de raça, o que nos dá a dimensão de como há quase mais de um século se manifestava[32].

---

32. "No Brasil dos nossos dias, mostra-nos o IBGE – à diferença do Brasil lendário da miscigenação que produziu a classe que hoje estuda e ensina nas universidades –, branco casa com branco, e pretos e pardos se unem e procriam →

Com a sua ficção, seus artigos e crônicas, Lima Barreto combateu ininterruptamente, no auge da propaganda racista no Brasil[33] em jornais, revistas e livros. Ele fazia parte da ínfima minoria discordante das ideias racistas.

Joel Rufino (1983, p. 45) observou que "ninguém, em nossas letras, revolveu tanto as relações entre negros e brancos. E do ângulo em que se pode ver melhor, o de vítima da 'democracia racial'". Ora, fazer isso num período de militância ferrenha do supremacismo branco era um acinte ao poder instituído, em particular no campo das Letras. A agravante é que Lima Barreto pronunciava-se mulato e negro. O autor mexeu em uma ferida mal-curada. Ainda hoje o nível de representatividade da população negra no poder é reduzido, o movimento negro luta para consolidar míseras cotas para estudantes em cursos universitários, a violência tira a vida principalmente de jovens negros e os índices sociais da população negra equivalem aos dos países mais atrasados do mundo. Casos de discriminação racial, muitas vezes silenciados pela grande imprensa, são a todo momento noticiados pelos veículos de comunicação alternativos.

Nesse contexto, a obra de Lima é atualíssima. As formas de bloqueio para a ascensão desse segmento social são inúmeras,

---

→ entre si, sendo essa a tendência claramente dominante e amplamente estabelecida. [...] Os contingentes raciais, portanto, perderam a porosidade anterior; o território da brancura e as benesses que dispensa passam a ser, a cada dia, mais bem resguardados" (Segato, 2005-2006, p. 81). Em que pese o sutil ranço do discurso, que atribui a um grupo "casar" e aos outros "procriar", a observação traz um novo dado que impacta a noção frequente de mestiçagem.

33. Note, por exemplo, o capítulo "O homem" do romance *Os sertões*, de Euclides da Cunha, publicado em 1902. Nele, o consagrado autor celebra a hierarquia racial.

variadas e sempre recicladas. E, no Brasil, o racismo jamais se declara. Por isso a Justiça nacional somente em 1951, com a Lei n. 1.390 (mais conhecida como Lei Afonso Arinos), vai se manifestar sobre a prática da discriminação racial, considerando-a contravenção penal. Daí em diante, outros dispositivos legais foram editados até se chegar à Constituição de 1988, em seu artigo 5º, inc. XLII, que considerou a prática do racismo crime. Ou seja, foram necessários 100 anos após a extinção da escravidão no Brasil para que o racismo fosse criminalizado. Podemos imaginar o que representou para a população negra esse tempo de prejuízo causado pela prática do racismo legalmente descriminalizado. Um século de impunidade! Isso após 400 anos de trabalho forçado! O artigo ainda teve de ser complementado pela Lei n. 7.716/89 e pela Lei n. 8.081/90, que definiu os crimes resultantes de preconceito de raça ou de cor e prescreveu a pena de dois a cinco anos de reclusão. Quanto tempo, que morosidade e quanto prejuízo para milhões de negros e vantagens para milhões de brancos! Isso sem contar a dificuldade de provar em juízo tal prática. Aí, a hipocrisia ganha foros de jurisprudência.

Se uma parte da obra de Lima Barreto discutiu o assunto na sua época, por que reduzir-lhe a importância, sobretudo quando sabemos que o racismo foi responsável por inúmeros genocídios ao longo da história? O alcoolismo que vitimou Lima Barreto, pela vertente desqualificadora da crítica, não é considerado uma doença, mas degradação de princípios éticos e falta de caráter; em outros termos, inferioridade. Gilberto Freyre, ideólogo da chamada "democracia racial", encerra o prefácio escrito em 1954 para o *Diário íntimo* de Lima Barreto, edição de 1956, nestes termos:

Tudo azul: menos o tratamento que recebeu da maioria dos homens. Tratamento cruel, um tanto por culpa sua e outro tanto por culpa do que há ainda de inumano na natureza chamada humana sob o impacto, no Brasil do seu tempo e no de hoje, de preconceitos menos de raça do que de classe. (Freyre, 1956, p. 16)

É preciso muita atenção para a maneira como, em trechos curtos como esse, a ideologia racista impõe seus princípios. A expressão "um tanto culpa sua" isenta a prática do racismo. Depois, "preconceito menos de raça que de classe" é o mesmo argumento usado ainda na atualidade, tanto pela direita ideológica quanto pela esquerda, para defender a permanência da discriminação racial, no seu aspecto velado[34].

No conto "O pecado", Lima Barreto traça, no limite do cômico, esse processo de crendice racista. São Pedro, diante da ficha exemplar de alguém cuja alma está para chegar, pensando em colocá-la ao lado do "Eterno", resolve determinar que seu auxiliar confira as anotações. Este é o desfecho: "Esqueci-me... Houve engano. É! Foi bom você falar. Essa alma é a de um negro. Vai para o purgatório" (Barreto, 1956, v. IV, p. 279). O narrador, anteriormente, dissera que tal conferência dos dados impedira que, "dali em diante, para o resto das idades –

---

34. "Por outro lado, viam nele a primeira revolta declarada contra o preconceito de cor, até então considerado, por necessidade de reconforto moral dos brancos, como não existente entre nós" (Barbosa, 1983, p. 23). Chega a ser risível referir-se ao racismo como "necessidade de reconforto moral dos brancos". O racismo é imoral em qualquer parte do mundo! Só a hipocrisia refinada dos brasileiros pode conceber essa tolerância a uma prática tão prejudicial ao país.

quem sabe? – o Céu ficasse de todo estragado" (*ibidem*, p. 278). Ao brincar jocosamente com a transcendência e dizer que até o céu católico é racista, o autor toca em um dos sustentáculos ideológicos da escravidão: a Igreja, a mesma que teve escravizados, que justificou o tráfico e, com hipocrisia, prometeu igualdade no paraíso. Mas o autor de *Os Bruzundangas* tira-lhe a máscara, sugerindo um alcance muito maior para o preconceito fenotípico – que, diferentemente do que se pensa, remonta à Antiguidade. Utilizando o conceito de protorracismo, o etnólogo Carlos Moore elucida o "cerne do problema racial":

> A origem africana do gênero humano, e também dos humanos anatomicamente modernos, tem nítidas implicações demográficas e históricas. Uma delas seria a Antiguidade absoluta das populações africanas; a outra, a ubiquidade da presença africana em todos os cantos do planeta. A procedência africana de todos os grupos humanos, diferenciados ou não como "raças", e a ubiquidade planetária de populações melanodérmicas também conduzem a outra importante dedução. A saber, naqueles períodos longínquos, caso houvesse contestação pela posse de territórios com as populações já racialmente diferenciadas, essa ubiquidade de populações autóctones de pele negra se constituiria na mais óbvia referência demarcatória para diferenciar oponentes. (Moore, 2007, p. 49).

Segundo o autor, o uso das diferenças fenotípicas para justificar explorações, ódios e temores já está assinalado nos livros sagrados mais antigos.

A formação intelectual de Lima Barreto deu-se dentro dos padrões eurocêntricos, como só poderia ocorrer no Brasil do século XIX. Sua reação às argumentações racistas não contava com apoio bibliográfico de outra ordem, o que aumenta o valor de suas reflexões, espalhadas em meio a seus escritos, que trataram de uma infinidade de temas nacionais e internacionais. O autor pensa a cultura no quadro da orientação civilizatória eurocêntrica, daí sua dificuldade de encontrar saída para uma vertente que aprofundasse a herança cultural africana do Brasil. Chega a pensar a questão, mas a Europa, naquele momento, produzia pouco conhecimento que positivasse os povos africanos. Em solo brasileiro a pesquisa também desconsiderava a elaboração cultural negro-brasileira como valor válido de composição da nacionalidade.

É nessa circunstância que Lima Barreto acaba, em alguns momentos, por derivar para o lado do que tanto combatia. A visão sobre a cultura de origem africana em alguns trechos de sua obra repete os preconceitos então vigentes. Um exemplo disso é quando descreve um homem negro já velho, um "mandingueiro", após ritual para salvar Ismênia, a jovem abandonada pelo noivo, no romance *Triste fim de Policarpo Quaresma*:

> E o preto obscuro, velho escravizado, arrancado há um meio século dos confins da África, saía arrastando a sua velhice e deixando naqueles dois corações uma esperança fugaz.
>
> Era uma singular situação, a daquele preto africano, ainda certamente pouco esquecido das dores do seu longo cativeiro, lançando mão dos resíduos de suas ingênuas

crenças tribais, resíduos que tão a custo tinham resistido ao seu transplante forçado para terras de outros deuses – e empregando-os na consolação dos seus senhores de outro tempo. Como que os deuses de sua infância e de sua raça; aqueles sanguinários manipansos da África indecifrável, quisessem vingá-lo à legendária maneira do Cristo dos Evangelhos. (Barreto, 1956, v. II, p. 24)

"Confins da África", "África indecifrável", "sanguinários manipansos" são expressões que demonstram não só desconhecimento como repulsa. Em alguns trechos de seu *Diário íntimo* também ele apresenta algum mal-estar com seus semelhantes na cor da pele.

No romance *Recordações do escrivão Isaías Caminha*, o narrador-personagem, ao notar a aproximação de uma "rapariga de cor" que se senta a seu lado em um banco no Passeio Público, assim descreve a reação que teve: "Considerei-a um instante e continuei a ler o livro, cheio de uma natural indiferença pela vizinha" (Barreto, 1956, v. I, p. 131). O personagem usa com seu igual a mesma indiferença com que é tratado.

Lima Barreto pintou o seu entorno, mas seus personagens mais bem realizados são mulatos ou brancos; os personagens negros são meros esboços. Como a discriminação racial brasileira considera a gradação fenotípica de aproximação ou distanciamento com o padrão branco, certamente essa sinuosidade travou no autor a possibilidade de um protagonismo negro. No romance *Clara dos Anjos*, procurou explicitar a epiderme da personagem sem concebê-la negra. Clara é "mulatinha". Isaías Caminha também, bem como o personagem Augusto

Machado, narrador de *Vida e morte de M. J. Gonzaga de Sá*. Assim, há poucos casos de protagonistas negros na obra romanesca de Lima Barreto. A razão disso certamente estava na ameaça da recepção racista que ele havia experimentado na própria vida pessoal e no fato de que "mulato", na sua época, era expressão ofensiva, por designar a ascendência negra. Aliás, com essa palavra também os brancos agrediam os negro-mestiços. Seu temor de ser acusado de "negrismo", o que prejudicaria a aceitação de seus romances, foi provavelmente responsável pela timidez naquele aspecto e pelo aborto do projeto ambicioso de escrever um "Germinal negro". Ainda que muito citado nos estudos sobre o autor, este trecho de seu *Diário íntimo* sempre oferece novas possibilidades de interpretação e indica os limites que cercearam e cerceiam o desenvolvimento da literatura negro-brasileira, além de apresentar sintomas de um manifesto:

> Veio-me à ideia, ou antes, registro aqui uma ideia que me está perseguindo. Pretendo fazer um romance em que se descrevam a vida e o trabalho dos negros numa fazenda. Será uma espécie de *Germinal* negro, com mais psicologia especial e maior sopro de epopeia. Animará um drama sombrio, trágico e misterioso, como os do tempo da escravidão.
>
> Como exija pesquisa variada de impressões e eu queira que esse livro seja, se eu puder ter uma, a minha obra-prima, adiá-lo-ei para mais tarde.
>
> Temo muito pôr em papel impresso a minha literatura. Essas ideias que me perseguem de pintar e fazer a vida escrava com os processos modernos do romance, e o grande

amor que me inspira – pudera! – a gente negra, virá, eu prevejo, trazer-me amargos dissabores, descomposturas, que não sei se poderei me pôr acima delas. Enfim – "une grande vie est une pensée de la jeunesse realisé par l'âge mûr"[35], mas até lá, meu Deus!, que de amarguras!, que de decepções!

Ah! Se eu alcanço realizar essa ideia, que glória também! Enorme, extraordinária e – quem sabe? – uma fama europeia.

Dirão que é o negrismo, que é um novo indianismo, e a proximidade simplesmente aparente das coisas turbará todos os espíritos em meu desfavor; e eu, pobre, sem fortes auxílios, com fracas amizades, como poderei viver perseguido, amargurado, debicado?

Mas... e a glória e o imenso serviço que prestarei a minha gente e a parte da raça a que pertenço. Tentarei e seguirei avante. "Alea jacta est."[36]

Se eu conseguir ler esta nota, daqui a vinte anos, satisfeito, terei orgulho de viver!

Deus me ajude! (Barreto, 1956, v. XIV, p. 84)

Essa anotação, como consta no *Diário*, é de 12 de janeiro de 1905. Já se passou, portanto, mais de um século. É de perguntar se as preocupações levantadas pelo autor conseguiram, na literatura nacional, lograr êxito com outros escritores que tenham assumido o ponto de vista de uma subjetividade negro-brasileira. Mas,

---

35. "Uma grande vida é um pensamento da juventude realizado pela idade madura" (tradução do autor).
36. "A sorte está lançada".

antes de destacar apenas um romance, vamos verificar as preocupações de Lima Barreto expostas no texto anterior.

O desejo expresso de "mais psicologia especial" aponta um problema ainda grave na literatura nacional: escritores famosos ou mesmo desconhecidos se negaram a dar subjetividade aos seus personagens negros – fosse por serem negros e acreditarem que o personagem negro humanizado não se ajusta ao mercado; fosse por serem brancos e se sentirem limitados por falta de conhecimento ou ojeriza a negros: fosse por serem mestiços e se imaginarem brancos e na direção da brancura dirigir o destino dos personagens.

Há, contudo, uma literatura negro-brasileira que vem cumprindo esse papel. Os nomes ampliam-se cada vez mais e, apesar das "amarguras", "dissabores", "descomposturas" e dos temores de "se pôr em papel impresso" as vivências próprias, escritores e escritoras negras criaram a noção de "coletivo". Isso não só alimenta a coragem, mas também implica buscar as condições para a realização da obra. Em suma, dar aos personagens negros "mais psicologia especial" é dizer sim, afirmar que há vida interior atrás da pele escura.

A escravização colonial exigiu que os africanos e sua descendência experimentassem situações extremas de sofrimento. Em circunstâncias tais, o "sombrio", o "trágico" e o "misterioso" que Lima Barreto anotou em seu diário estão relacionados com um gigantesco esforço para não perder o sentido da própria humanidade. É no extremo que se tece a luz na sombra, nele se aprende a amansar a dor e a conviver de perto com as indagações mais profundas do existir. As histórias nas fazendas e nos quilombos do Brasil foram muitas e se perderam, mas a possibilidade da "pesquisa" necessária, como menciona Lima Barreto, hoje se encontra muito mais próxima do ideal.

Um "maior sopro de epopeia", como cita o texto de Lima Barreto, realizaria na mentalidade brasileira singular ruptura com certo classicismo ainda incrustado na produção cultural, que nega o épico aos negros e aos demais pobres, a menos que estes enriqueçam no final da história ou os primeiros morram. O final trágico não deixa de ser um apanágio subconsciente de eugenia (o desejo de um país exclusivamente branco) atuando na mente dos artistas.

Lima Barreto enfatiza também a questão da recepção adversa, sobre a qual desenvolveu uma aguda consciência e também severas prevenções a algo mais profundo que apenas publicar livros. "[...] o grande amor que me inspira – pudera! – a gente negra" é um trecho que merece atenção. Que escritor brasileiro declarou isso, sendo negro ou branco? É certo que se trata de anotação do diário que foi exposto ao público. Mas a obra de Lima Barreto confirma isso. Sua intolerância para com a discriminação está bem registrada em seus textos, e essa discriminação ele a antevê como consequência do "amor" declarado que, em outra dimensão, significa o seu compromisso histórico com o Brasil, baseando-se em sua identidade racial para com a população negra. Isso retrata o inverso de toda uma representação negativa do negro na cultura nacional, lastreada pela hipocrisia que leva a crer que "todo brasileiro parece se sentir como uma 'ilha de democracia racial', cercado de racistas por todos os lados"[37].

---

37. SCHWARCZ, 2001, p. 76. A autora concluiu assim após comparar os seguintes resultados de pesquisa realizada em 1988 em São Paulo: "97% dos →

A declaração de Lima Barreto constituiu a base de seu projeto literário, cujo teor ideal, tendo sido adiado, não logrou o êxito que ele esperava. A "glória" e "uma fama europeia" não lhe chegaram em vida. Teria ele se deixado abater pela ânsia de glória? Certamente essa ilusão de reconhecimento tornou suas frustrações mais amargas, pois renunciar a ela seria aprofundar o sentido missionário da literatura, que era risível aos olhos sociais da época e chegou a um limite extremo na vida do autor. Seus embates geraram textos menores do que um possível "Germinal negro" sonhado, que não é *Clara dos Anjos* tampouco *Recordações do escrivão Isaías Caminha*, como querem alguns[38]. Basta pensarmos no que foi o romance *Germinal*, de Émile Zola. Certamente, com essa inspiração, Lima Barreto teria de resolver problemas sérios relativos à diferença entre o trabalho livre (no caso do romance do escritor francês, os trabalhadores das minas de carvão) e o trabalho escravizado, cuja organização alternativa levaria não à greve, mas à revolta – e desta para a fuga em direção aos quilombos, como muitas vezes aconteceu na história do Brasil. Entre um quilombo e um sindicato, o sentido de mediação com o poder é muito díspar, a começar pela impossibilidade de os quilombolas da época venderem sua força de trabalho. Daí o autor referir-se ao "sopro de epopeia".

→ entrevistados afirmaram não ter preconceito, 98% disseram conhecer, sim, pessoas e situações que revelavam a existência de discriminação racial no país".

38. "Em dezembro de 1921, inicia a segunda versão de *Clara dos Anjos*, terminando em janeiro do ano seguinte o romance: esse que, segundo ele, deveria ser uma espécie de *Germinal* negro mas tropical" (Schwarcz, 2010, p. 40).

No livro *Marginália*, edição de 1956, encontra-se o "esboço de uma peça", texto intitulado "Os negros". Nele, cuja configuração extrapola os limites da cena teatral – por uma descrição mais afeita à ficção do que à rubrica –, a situação é de fuga, "a quase quatro dias", da fazenda. O diálogo entre os sete personagens foge à transcrição oral, costumeira quando surgem personagens negros na obra de Lima Barreto, em especial as velhas. Ou seja, a linguagem não demarca o espaço linguístico diferenciado. Há no diálogo entre os personagens recortes de uma memória desgastada pelo tempo, acerca da África, do tráfico e da vida na fazenda. O fantasioso aparece como alento, por empréstimo da cultura do "sinhô"[39]. O texto termina com o "Velho Negro" sendo alvejado por um tiro. Como "esboço", pode-se inferir até que ponto Lima Barreto ensaiava a sua "obra-prima", com exercícios semelhantes a este e outros, como os também inacabados "O escravizado", "No tronco" e as muitas passagens de romances. Vejamos um exemplo presente em *Numa e a ninfa*, em que o russo Bogóllof contempla a cidade do Rio de Janeiro:

> Ele – que mal conhecia a história daquelas águas e das terras que banhavam – só se lembrou que estava ali o mar da escravidão moderna, o mar dos negreiros; que assistira

---

39. Trata-se da passagem do personagem bíblico Jonas: "1º NEGRO – Sinhô moço contava que não sei que santo salvou-se engolido por uma baleia, que depois deixou-o numa praia. NEGRA MOÇA – Era um, um só... 3º NEGRO – É um peixe muito grande. 2º NEGRO – A boca é do tamanho de uma casa. 1º NEGRO – Podia levar a todos nós pra longe" (Barreto, 1956, v. XII, p. 311).

durante três séculos o drama de sangue, de opressão e de morte, o sinistro drama do aproveitamento das terras da América pelas gentes da Europa.

Das dores de tantos milhões de seres, das suas agruras, dos seus padecimentos, da sua morte, só aquelas unidas e mudas águas guardavam memória e só elas evocavam o drama de que foram palco. (Barreto, 1956, v. III, p. 150)

Essa presença da escravidão salpicada pela obra de Lima Barreto demonstra que "essas ideias que me perseguem de pintar e fazer a vida escrava com os processos modernos do romance", conforme anotou em seu diário, não só constituíam seu projeto, como também eram sinal de que ele percebera o manancial épico da vida dos escravizados para a ficção brasileira. Seu "temor" da crítica racista se justificava também pelo seu propósito de humanizar o personagem negro, o que transgrediria frontalmente a expectativa, por parte dos brancos, de subserviência dos negros. Tal transgressão ficou bem demonstrada em uma passagem de seu *Diário do hospício – Apontamentos*, quando o narrador, referindo-se a um dos internados, de nome Gato, relata:

Creio que já lhes falei na sua prosápia de família, das suas constantes alusões ao seu pai ex-ministro do Império, chama todos de negros, ladrões. Ele já me furtou um lápis. A sua mania de descomposturas lhe tem valido muitas sovas. Uma das últimas foi a do Borges, um negro pretíssimo, de pais ricos, mas façanhudo, rixento, que não pode estar na secção para que paga, pois agride todos por dá cá aquela palha. É um belo tipo de cabra ou cãibra, com fortes peitorais, magníficos bíceps, deltoides. Um pouco curto de corpo, sobretudo de pernas, como ele todo, robustíssimas, respira audácia, bravura, desaforo.

Ao entrar, ele se chegou a mim e olhou-me ferozmente:

– Como é que você deixa a farda?

– Que farda? Não uso farda.

– Você não é oficial do Exército?

– Não; é meu irmão.

– Bem dizia eu.

Falou abruptamente, as suas palavras saltavam dos lábios, aos jactos, descontínuas, mas sem propósito de me ofender, mas de acariciar-me; daí a dias, deu-me biscoitos caros, que recebeu de casa.

O Gato, o Marquês de Gato, insultou-o de negro, vagabundo e ladrão. B. não teve dúvidas e intimou-o ameaçadoramente:

Repete, se você é gente, seu este, seu aquele.

O Gato, o nobiliárquico Gato, repetiu, e o B. deu-lhe tais murros, que o pôs todo em sangue, com o nariz quebrado. Penalizei-me, porque o Gato era um velho, a roçar pelos sessenta anos...

[...]

Implicava com todo mundo; comigo, só da primeira vez que estive, quando saí para ir não sei onde, que ele disse ao passar:

– Este negro entrou ontem e já se vai embora. (Barreto, 1956, v. XV, p. 92-3)

O incidente entre loucos, que se presume ser corriqueiro, ganha aqui uma especial nota, pois traz o conteúdo racial: a ofensa ("insultou-o de negro, vagabundo e ladrão"). A ela Borges respondeu com vários murros em Gato. Este é velho e presunçoso, ao passo que Borges é jovem (ao que tudo indica), "um belo tipo de cabra" e de "pais ricos". Gato é ladrão ("já me furtou um lápis"). O próprio apelido já nos remete a gatuno. A esses citados atributos, percebe-se na relação branco/negro a inversão completa dos estereótipos. Ao "pretíssimo" Borges são atribuídas força, riqueza, "audácia, bravura". Por outro lado, a relação entre Borges e o autor do diário é afetiva, as palavras do primeiro parecem acariciar o segundo além da dádiva dos "biscoitos caros". Esse tipo de relação e a circunstância da resposta à ofensa racista sugerem que, no viés racial do projeto barreteano, o espaço para debelar o estereótipo negro estava contemplado.

Considerando que o embate consta de um diário (reunião de textos posterior à morte do escritor), cabe a indagação: se *O diário do hospício* foi a base para o romance inacabado *O cemitério dos vivos*, é de notar que o episódio citado, entre Gato e Borges, não foi aproveitado naquilo que o autor nos legou como parte de seu romance. Teria havido de sua parte uma preocupação com a censura por parte da crítica? Em outros termos, a exclusão do embate entre aqueles doentes seria o processo de autocensura de Lima Barreto? Não podemos ir longe nessa conjectura, pois *O cemitério dos vivos* é um romance inacabado e, como alerta a "nota prévia" da edição de ambos os títulos, "se torna difícil, se não impossível, delimitar as fronteiras do real e do imaginário" (Barreto, 1956, v. XV, p. 26). O registro de tal episódio ou da sua ficcionalização, associado ao projeto de obra-prima, nos mostra como a trajetória literária de Lima Barreto ficou sem realização – não só por sua morte prematura, aos 41 anos de idade, mas também pelo processo de "adiamento" de seu intento maior. Afinal, o mercado editorial também influencia a criação literária. Não fosse assim, certamente teríamos tido o "Germinal negro".

Retornando ao início deste tópico, o século XXI já conta com alguns romances substanciais que focaram a escravização e seu sentido épico. Cito *Os tambores de São Luís*, de Josué Montello; o segundo, em parte, *Viva o povo brasileiro*, de João Ubaldo Ribeiro; e *Um defeito de cor*, de Ana Maria Gonçalves. Os dois primeiros, em que pese a realização de personagens negros densos de humanidade, em sua psicologia e em suas ações, derivam ideologicamente, ao final, para as propostas da ideologia do embranquecimento. *Um defeito de cor*, ao contrário, não apela para o que está posto ainda como tabu: a hierarquia das raças, tão enraizada na cabeça da maioria dos brasileiros. Além do mais, a autora usou a primeira pessoa de Luísa Mahin, mãe do maior abolicionista que a nação teve, o baiano Luiz Gama. Certamente, a memória de Lima Barreto agradece e aguarda outras ousadias, pois, como escreveu ironicamente o autor, em "Opiniões de Gomensoro"[40]:

---

40. O nome "Gomensoro" provavelmente se refere ao magistrado que foi senador da República pelo Maranhão José Secundino Lopes de Gomensoro, cujo mandato ocorreu de 1891 a 1894. Pela proximidade (Lima Barreto contava com 16 anos, época de ingresso na Escola Politécnica), essa hipótese parece mais acertada do que a do presidente interino do Uruguai entre 1872 e 1873, Tomas Gomensoro Albrin, proposta em Schwarcz, 2010, p. 730, nota 420. Por outro lado, as anotações de Lima Barreto não →

A capacidade mental dos negros é discutida *a priori* e a dos brancos, *a posteriori*.

[...] A ciência é um preconceito grego, é ideologia, não passa de uma forma acumulada de instinto de uma raça, de um povo e mesmo de um homem. (Barreto, 2010, p. 602-3)

A tentativa que vem sendo feita de carnavalizar a questão racial brasileira não logra êxito com Lima Barreto, pois, como escreveu o escritor João Antônio (1977, p. 14), "sua obra até hoje é uma porrada, seca e rente, na nossa apatia, malemolência, calhordice, omissão, indiferença, farisaísmo, relapsia e macaqueação dos modelos estrangeiros".

Em suma, muitos outros temas constituem o amplo mosaico de abordagens da ficção e dos textos circunstanciais barreteanos que justificam a sua atualidade, apesar das resistências que ainda permeiam todos os níveis da educação brasileira para manter o país distante de si mesmo.

→ constituem "conto" nem projeto de, pois lhe faltam os mínimos recursos de personagem e narrativa que pudessem justificar a inclusão no livro *Contos completos*.

Bibliografia

Livros de Lima Barreto

Não devemos temer encarar uma obra só porque nada sabemos a respeito dela ou de seu autor. Lembro-me de quando cursava a graduação em Letras na Universidade de São Paulo (USP), no fim dos anos 1970. Eu e vários colegas não gostávamos nem um pouco da chamada crítica imanente, ou seja, aquela que considera a obra literária em si, desprovida de sua historicidade. Não gostávamos porque não podíamos extrapolar o texto, como advertiam os professores da época. Porém, o que há de mais gostoso em literatura é poder extrapolar, estabelecer relações com a nossa vida e com a vida em sociedade.

Na época, durante todo o curso, jamais li um livro sequer de Lima Barreto para fazer trabalhos. Nenhum professor da USP falava desse autor! Hoje entendo a razão: com Lima Barreto, não há como não extrapolar. O Brasil precisa de que mais livros como os desse autor sejam lidos, obras que falem dos problemas e conflitos do nosso país. Por isso, primeiro, relaciono os livros do autor. Cito apenas as *Obras de Lima Barreto*, em 17 volumes, organizada por Francisco de Assis Barbosa com a colaboração de Antônio Houaiss e M. Cavalcanti Proença; o romance *O subterrâneo do Morro do Castelo*, que não constou dos citados volumes; e as edições mais recentes que também reúnem textos: a *Prosa seleta*, organizada por Eliane Vasconcellos; os dois volumes de *Toda crônica*, por Beatriz Resende e Rachel Valença; e, por fim, os *Contos completos de Lima Barreto*, por Lilia Moritz Schwarcz. Há no mercado diversas edições dos textos de Lima Barreto, porém sem o caráter de reunião, o critério aqui usado.

Bagatelas. São Paulo: Brasiliense, 1956 (volume IX).

Os Bruzundangas: sátira. São Paulo: Brasiliense, 1956 (volume VII).

O cemitério dos vivos: memórias. São Paulo: Brasiliense, 1956 (volume XV).

Clara dos Anjos. São Paulo: Brasiliense, 1956 (volume V).

Coisas do reino do Jambon: sátira e folclore. São Paulo: Brasiliense, 1956 (volume VIII).

Contos completos de Lima Barreto. Organização e introdução Lilia Moritz Schwarcz. São Paulo: Companhia das Letras, 2010.

Correspondência. São Paulo: Brasiliense, 1956. Tomo I (volume XVI).

Correspondência. São Paulo: Brasiliense, 1956. Tomo II (volume XVII).

Diário do hospício e O cemitério dos vivos. Prefácio Alfredo Bosi. São Paulo: Cosac & Naify, 2010.

Diário íntimo: memórias. São Paulo: Brasiliense, 1956 (volume XIV).

Feiras e mafuás. São Paulo: Brasiliense, 1956 (volume X).

Histórias e sonhos. São Paulo: Brasiliense, 1956 (volume VI).

Impressões de leitura. São Paulo: Brasiliense, 1956 (volume XIII).

Marginália: artigos e crônicas. São Paulo: Brasiliense, 1956 (volume XII).

Numa e a ninfa. São Paulo: Brasiliense, 1956 (volume III).

Prosa seleta. Organização Eliane Vasconcellos. Rio de Janeiro: Aguilar, 2001.

Recordações do escrivão Isaías Caminha. São Paulo: Brasiliense, 1956 (volume I).

O subterrâneo do Morro do Castelo. 3. ed. Rio de Janeiro: Dantes, 1999.

Toda crônica: Lima Barreto. Apresentação e notas Beatriz Resende; organização Rachel Valença. Rio de Janeiro: Agir, 2004.

Triste fim de Policarpo Quaresma. 2. ed. São Paulo: Brasiliense, 1956 (volume II).

Vida e morte de M. J. Gonzaga de Sá. São Paulo: Brasiliense, 1956 (volume IV).

Vida urbana: artigos e crônicas. São Paulo: Brasiliense, 1956 (volume XI).

Livros sobre o autor e sua obra, referências e textos de apoio

Existem inúmeros livros, teses, artigos, peças de teatro e dissertações, publicadas ou não, sobre Lima Barreto. Assim, ao selecionar as obras para esta bibliografia, não pretendi ser exaustivo, apenas seletivo. Os livros e teses relacionados a seguir refletem um critério pessoal. Creio que eles possam se juntar à obra de Lima Barreto e com ela formar um conjunto de profundo entendimento do Brasil pelo prisma de nosso autor. Na relação encontram-se também as referências citadas ao longo deste livro.

AIEX, Anoar. *As ideias socioliterárias de Lima Barreto*. São Paulo: Editora Revista dos Tribunais, 1990.

ANTÔNIO, João. *Calvário e porres do pingente Afonso Henriques de Lima Barreto*. Rio de Janeiro: Civilização Brasileira, 1977.

ARANTES, Marco Antonio. *Loucura e racismo em Lima Barreto*. 1999. Dissertação (Mestrado em Ciências Sociais) – Pontifícia Universidade Católica de São Paulo, São Paulo (SP).

BARBOSA, Francisco de Assis. "Prefácio". In: BARRETO, Lima. *Recordações do escrivão Isaías Caminha*. São Paulo: Brasiliense, 1956 (volume I), p. 7-27.

_____. *A vida de Lima Barreto: (1881-1922)*. 5. ed. Rio de Janeiro: José Olympio, 1975.

_____. "O carioca Lima Barreto. Sentido nacional de sua obra". In: SANTOS, Affonso Carlos Marques (coord.). *O Rio de Janeiro de Lima Barreto*. Rio de Janeiro: Rioarte, 1983, v. I, p. 15-31.

BENTO, Maria Aparecida S. "Branqueamento e branquitude no Brasil". In: CARONE, Iray; BENTO, Maria Aparecida S. (orgs.). *Psicologia social do racismo*. Petrópolis: Vozes, 2002, p. 25-57.

BOSI, Alfredo. *Literatura e resistência*. São Paulo: Companhia das Letras, 2002.

BROCA, Brito. *A vida literária no Brasil: 1900*. 2. ed. rev. e aum. Rio de Janeiro: José Olympio, 1960.

CARA, Salete de Almeida. *A recepção crítica: o momento parnasiano-simbolista no Brasil*. São Paulo: Ática, 1983.

CUTI. *A consciência do impacto nas obras de Cruz e Sousa e de Lima Barreto*. Belo Horizonte: Autêntica, 2009 (Coleção Cultura Negra e Identidades).

_____. *Literatura negro-brasileira*. São Paulo: Selo Negro, 2010 (Coleção Consciência em Debate).

DIAS, Maria Amélia Lozano. *A recepção crítica da obra de Lima Barreto: 1907-1987*. 1988. Dissertação (Mestrado em Teoria Literária) – Instituto de Letras e Artes, Pontifícia Universidade Católica do Rio Grande do Sul, Porto Alegre (RS).

EAGLETON, Terry. *Ideologia. Uma introdução*. São Paulo: Editora da Unesp; Boitempo, 1997.

FANON, Frantz. *Pele negra, máscaras brancas*. Rio de Janeiro: Fator, 1983.

FONSECA, Dagoberto José da. *Políticas públicas e ações afirmativas*. São Paulo: Selo Negro, 2009 (Coleção Consciência em Debate).

FREYRE, Gilberto. "Diário íntimo de Lima Barreto" (prefácio). In: BARRETO, Lima. *Diário íntimo: memórias*. São Paulo: Brasiliense, 1956 (volume XIV), p. 9-16.

GOFFMAN, Erving. *Estigma: notas sobre a manipulação da identidade deteriorada*. 4. ed. Rio de Janeiro: LTC, [c.1988].

GRANATO, Fernando. *João Cândido*. São Paulo: Selo Negro, 2010 (Coleção Consciência em Debate).

GRIMAL, Pierre. *Dicionário da mitologia grega e romana*. 4. ed. Rio de Janeiro: Bertrand Brasil, 2000.

HALBWACHS, Maurice. *A memória coletiva*. São Paulo: Vértice, 1990.

HIDALGO, Luciana. *Literatura da urgência: Lima Barreto no domínio da loucura*. São Paulo: Annablume, 2008.

HOFBAUER, Andreas. *Uma história de branqueamento ou o negro em questão*. São Paulo: Editora da Unesp, 2006.

HOSSNE, Andrea Saad. *A angústia da forma e o bovarismo: Lima Barreto, romancista*. 1999. Tese (Doutorado em Letras) – Departamento de Teoria Literária e Literatura Comparada, Faculdade de Filosofia, Letras e Ciências Humanas, Universidade de São Paulo, São Paulo (SP).

HOUAISS, Antônio. *Dicionário Houaiss da língua portuguesa*. Rio de Janeiro: Objetiva, 2001.

IANNI, Octavio. *Escravidão e racismo*. São Paulo: Hucitec, 1978.

LINS, Osman. *Guerra sem testemunhas – O escritor, sua condição e a realidade social*. São Paulo: Ática, 1974.

_____. *Lima Barreto e o espaço romanesco*. São Paulo: Ática, 1976.

MARAIRE, J. Nozipo. *Zenzele: uma carta para minha filha*. São Paulo: Mandarim, 1997.

MARINS, Álvaro. *Machado e Lima: da ironia à sátira*. Rio de Janeiro: Utópos, 2004.

MOORE, Carlos. *Racismo & sociedade*. Belo Horizonte: Mazza, 2007.

MORAIS, Regis de. *Lima Barreto: o elogio da subversão*. São Paulo: Brasiliense, 1983 (Coleção Encanto Radical).

MUNANGA, Kabengele. *Negritude, usos e costumes*. São Paulo: Ática, 1986.

_____. *Rediscutindo a mestiçagem no Brasil: identidade nacional versus identidade negra*. Petrópolis: Vozes, 1999.

NASCIMENTO, Abdias. *Genocídio do negro brasileiro: processo de um racismo mascarado*. Rio de Janeiro: Paz e Terra, 1978.

OLIVER, Nelson. *Todos os nomes do mundo*. Rio de Janeiro: Ediouro, 2005.

PEREIRA, Astrojildo. "Prefácio". In: BARRETO, Lima. *Bagatelas*. São Paulo: Brasiliense, 1956 (volume IX), p. 7-29.

PRADO, Antonio Arnoni. *Lima Barreto: o crítico e a crise*. Rio de Janeiro: Cátedra; Brasília: INL, 1976.

_____. *Lima Barreto*. São Paulo: Abril Educação, 1980 (Coleção Literatura Comentada).

_____. *Trincheira, palco e letras*. São Paulo: Cosac & Naify, 2004.

RAMOS, Guerreiro. *Introdução crítica à sociologia brasileira*. Rio de Janeiro: Editora da UFRJ, 1995.

RUFINO, Joel. "Sociedade e problema racial na obra de Lima Barreto". In: SANTOS, Affonso Carlos Marques (coord.). *O Rio de Janeiro de Lima Barreto*. Rio de Janeiro: Rioarte, 1983, v. II, p. 35-47.

SANTOS, Helio. *A busca de um caminho para o Brasil: a trilha do círculo vicioso*. São Paulo: Senac, 2001.

SANTOS, Luiz Carlos. *Luiz Gama*. São Paulo: Selo Negro, 2010 (Coleção Consciência em Debate).

SCHWARCZ, Lilia Moritz. *O espetáculo das raças: cientistas, instituições e questão racial no Brasil – 1870-1930*. São Paulo: Companhia das Letras, 1995.

_____. *Racismo no Brasil*. São Paulo: Publifolha, 2001.

_____. "Lima Barreto: termômetro nervoso de uma frágil República" (Introdução). In: BARRETO, Lima. *Contos completos de Lima Barreto*. Organização e introdução Lilia Moritz Schwarcz. São Paulo: Companhia das Letras, 2010.

SEGATO, Rita Laura. "Cotas: por que reagimos?" *Revista USP*, São Paulo, n. 68, dez.-fev. 2005-2006, p. 76-87.

SEVCENKO, Nicolau. *Literatura como missão: tensões sociais e criação cultural na Primeira República*. 4. ed. São Paulo: Brasiliense, 1999.

SILVA, H. Pereira da. *Lima Barreto: escritor maldito*. Rio de Janeiro: Civilização Brasileira, 1981.

SODRÉ, Muniz. *Claros e escuros: identidade, povo e mídia no Brasil*. Rio de Janeiro: Vozes, 1999.

Cuti

SOUZA, Octavio. *Fantasia de Brasil: as identificações na busca da identidade nacional*. São Paulo: Escuta, 1994.

VASCONCELLOS, Eliane. *Entre a agulha e a caneta: a mulher na obra de Lima Barreto*. Rio de Janeiro: Lacerda, 1999.

VENTURA, Roberto. *Estilo tropical: história cultural e polêmicas literárias no Brasil: 1870-1914*. São Paulo: Companhia das Letras, 1991.

Lima Barreto, personagem de duas peças de teatro

Nas duas peças a seguir, Lima Barreto, como personagem, contracena com aqueles de seus romances.

ABREU, Luís Alberto de. *Lima Barreto, ao terceiro dia*. São Paulo: Caliban, 1996.

SILVA, H. Pereira da. *Lima Barreto maldito de todos os santos*. Rio de Janeiro: Itambé, 1981.

Cronologia da vida de Lima Barreto

1881 Afonso Henriques de Lima Barreto nasce aos 13 de maio. Filho de Amália Augusta Barreto, professora pública, e de João Henriques de Lima Barreto, tipógrafo, teve como padrinho o Visconde de Ouro Preto.

1887 Amália Augusta Barreto falece em dezembro, deixando quatro filhos pequenos.

1888 Lima Barreto inicia seus estudos na Escola Pública Municipal.

1889 O pai, promovido de chefe de turma a mestre das oficinas de composição da Imprensa Nacional, trabalha também como paginador da *Tribuna Liberal*.

1890 João Henriques é exonerado da Imprensa Nacional; consegue um posto de escriturário das Colônias de Alienados da Ilha do Governador.

1891 Lima Barreto inicia seus estudos no Liceu Popular Niteroiense. Sua educação é custeada pelo padrinho. O pai é promovido a almoxarife.

1893 Com nova promoção, João Henriques torna-se administrador das Colônias.

1896 Lima Barreto estuda, como interno, no Colégio Paula Freitas, no Rio de Janeiro.

1897 Ingressa na Escola Politécnica. Torna-se frequentador da Biblioteca Nacional.

1898 Enfrenta dificuldades para ser aprovado nos exames escolares. Passa a frequentar o Apostolado Positivista.

1902 Colabora com o jornal estudantil *A Lanterna*. Seu pai enlouquece. A família muda-se da Ilha do Governador para o Engenho Novo, no Rio de Janeiro. Lima Barreto, com Bastos Tigre, publica o periódico *A Quinzena*, de pouca duração.

1903 O pai é aposentado. Lima Barreto faz um concurso para amanuense da Secretaria da Guerra, sendo aprovado e empossado. Colabora com os periódicos *O Diabo* e *Tagarela*, assumindo também as funções de secretário da *Revista da Época*.

1904 Inicia a primeira versão de *Clara dos Anjos*.

1905 Publica sem assinar, no jornal *Correio da Manhã*, um conjunto de reportagens sob o título de *Os subterrâneos do Morro do Castelo*, editado como romance só no ano de 1997. Trabalha no livro *Recordações do escrivão Isaías Caminha*.

1906 Inicia o romance *Vida e morte de M. J. Gonzaga de Sá*. Entra em licença para tratamento de saúde.

1907 Redator da revista *Fon-Fon*. Lança o periódico *Floreal*, no qual publica os primeiros capítulos do romance *Recordações do escrivão Isaías Caminha*.

1909 *Recordações do escrivão Isaías Caminha* é publicado em Lisboa. Colabora com o panfleto *O Papão*.

1911 Escreve o romance *Triste fim de Policarpo Quaresma* e publica-o como folhetim no *Jornal do Comércio*. Colabora com a *Gazeta da Tarde*.

1912 Publica as Aventuras do *Dr. Bogóloff* em dois fascículos.

1914 Escreve para o *Correio da Noite*. Internação no hospício por alcoolismo. Licencia-se. Novo diagnóstico revela neurastenia.

1915   Publica *Numa e a ninfa* em folhetins no jornal *A Noite*. Colabora na revista *Careta*.

1916   Edita, com recursos próprios, o livro *Triste fim de Policarpo Quaresma*. Viaja para Ouro Fino (MG) para tratar da saúde. Colabora no periódico ABC.

1917   Entrega para edição *Os Bruzundangas*. Candidata-se à ABL. Publicada a segunda edição das *Recordações do escrivão Isaías Caminha* e a primeira de *Numa e a ninfa*.

1918   Reúne artigos no volume *Bagatelas*, que encaminha para publicação. Colabora no vespertino *A Lanterna*. É aposentado por invalidez.

1919   *Vida e morte de M. J. Gonzaga de Sá* é publicado. Nova internação.

1920   Publicação do livro *Histórias e sonhos*. Retorna ao hospício. Encaminha para edição os originais do livro *Marginália*.

1921   Publica um capítulo de *O cemitério dos vivos*. Viaja para Mirassol (SP) para cuidar da saúde.

1922   Lima Barreto falece em 1º de novembro, vítima de gripe e infarto. No dia 3, falece o pai do escritor.

IMPRESSO NA GRÁFICA
sumago gráfica editorial ltda **sumago**
rua itauna, 789   vila maria
02111-031 são paulo   sp
tel e fax 11 **2955 5636**
sumago@sumago.com.br